通いはじめる親子の心

子供の気持ちに「共感」する

多田聰夫
Tada Toshio

光言社

はじめに

文鮮明《ムンソンミョン》先生が解き明かされた「統一原理」は、神様の創造理想が、個人完成、家庭完成、理想世界実現、すなわち三大祝福の実現であることを明確に説いています。そして、神様の救いの摂理は、人間始祖の堕落によって失われた、この神様の創造理想を復帰すること、三大祝福を復帰することであると説いています。

三大祝福とは、創世記一章28節にあるように、個性完成、子女繁殖（家庭完成）、万物主管です。個人として人格を完成し、成熟した後には結婚して夫婦となって子女を生みふやし、愛に満ちた家庭を築くこと、そして神様の真の愛で世界を一つの家族にすること、「神のもとの人類一家族（One Family under God）」の世界をつくることです。

そのようなみ言《ことば》と出会い、愛する子女を失った神様の涙の心情を知って、私たちは、神様に喜びをお返ししたい、いまだなされていない神様のみ旨を成し遂げてさしあげたいと、一生懸命に歩んできました。

ところが、家庭については、子供に対しては、あまり取り組んでこなかったのではないでしょうか。み旨を歩む中で、全体目的を優先するあまり、家庭をなおざりしてきたことが多かったのではないでしょうか。世界のために投入すれば、自分の家庭は神様が守ってくださる、導いてくださるといった信仰観を持つ人が多かったように思います。

統一教会の信仰を持ち、祝福を受けた祝福家庭の父母は、当然、子供に、親と同じように信仰を持ち、貴い祝福を受けてほしいと願っています。神様の祝福を受けて生まれた二世なので、神様を信じるのは当然であり、祝福を受けるのは当然と思ってきたことでしょう。

しかし、親と子は同じではありません。親は十年、二十年と、信仰生活をする中で神様と出会い、さまざまなことを体験しています。その上で、神様と真の父母様に、あるいは祝福に対して確信を持っているのです。

子供たちは、そうではありません。神様への愛も、心情も、自然に芽生え、育ってくるものではないのです。父母と同じように、み言と出会い、さまざまな体験を通してこそ、信仰が育ち、神様の心情を体恤《たいじゅつ》するのです。たとえ、同じような体験ができなかったとしても、親の気持ちに共感できたなら、自分も親と同じような道を歩んでみたいと思うものです。

これまで子供に、親の願うとおりになってほしいと、日常生活の中で、子供を変えようと、いろいろしてきたのではないでしょうか。子供の行動を正そうと、あるいは子供の性格を変えようと、一生懸命に努力してこられたでしょう。しかし、思うようにできなかったのではないでしょうか。

子供の行動を変えようとするのではなく、なぜそのような行動を取るのか、子供の気持ちを理解できる親になろうと考えることが大事です。しかし、今までの生活習慣が身についているわけですから、すぐには自分自身を変えることは難しいでしょう。

多くの場合、子供は親が理解してくれていないと感じています。親も子供のことが理解できないでいます。しかし、親子の間で「理解する」というのは、理路整然と説明して理解するというのではないのです。気持ちを同じように感じてくれたとき、共感してくれたときに、理解された、分かったとなるのです。

本書は、今日まで全国で行ってきた「家庭力アップ講座」から、子供への対し方について内容を絞ってまとめたものです。共感することの大切さ、その方法について提案しています。

実際にそれを実践してみてください。親子の絆を深めることに、少しでもお役に立てればと願っています。また、ご意見やご感想、こんな方法もあるといったご提案など、お聞かせいただければ幸いです。

二〇一四年六月

著者

通いはじめる親子の心　子供の心に「共感」する

目次

目次

第四章　愛情を伝える

第五章　子供を愛する

第一章

子供は「育つ」もの

文鮮明《ムンソンミョン》先生が解き明かされた「統一原理」は、神様の創造理想が、個人完成、家庭完成、理想世界実現、すなわち三大祝福の実現であることを明確に説いています。

私たちは、神様を中心とした理想家庭を目指しています。文鮮明先生は、次のように言われています。

「神様も、どこかへ外出しても懐かしく思って、再び訪ねてこられる家庭を築きなさいというのです。父母が子女の家を訪ねるように、喜びの心情で気楽に訪ねられる家庭を準備しなさいということです。それが、正に神様に侍って暮らす家庭です」（『平和神経』162ページ）

「家庭の中で解決できないことがあるでしょうか。父母と子女が、夫と妻が、兄と弟がお互いに『ために生きる人生』の模範を見せるとき、許し難い過ちを犯したり、罪を犯す隙間がどこにあるでしょうか」（同書、162ページ）

神様が自由に出入りできる家庭こそ、私たちが目指す家庭であるということです。そして、文鮮明先生は、宇宙の根本原則は父子の因縁であり、親子の関係に照らし合わせれば解けない問題は何もないとも言われます。

では、そのような家庭は、どのようにしてできるのでしょうか。

親の姿を見て子供は育つ

私の子供が保育園に通っている時に、ある先生を保育園に招いて、父母のための勉強会が開かれました。かなり昔の話になってしまいますが、その時の話がとても印象的でしたので紹介します。

「中学二年の男の子の家は下駄屋でした。夕食にお母さんが川魚の煮物を出してくれました。男の子は、魚が嫌いで、『魚は嫌いだ。ほかのおかずがほしい』とわがままを言うのです。

母親が、『はい、はい』と言って、立ち上がろうとすると、父親が『魚を食べなさい』と強く息子に言いました。息子は、ふてくされて夕食を食べずに自分の部屋に行ってしまいました。

息子は心が収まらず、『くそう、親父め』とイライラしたまま、ごろんと横になって天井を見上げました。すると、父親が早朝の四時半から起きて、一生懸命下駄を作る様子が浮かんできたのです。左右の下駄がしっかりと対になるように、履きやすいようにと、一生懸命働く父親の後ろ姿が、心に浮かんできました。いつも見ていた父親の後ろ姿を思い出したのです。

その時、息子は、夕食の時にわがままを言ったことが申し訳なかったと、心が痛みました。そして、息子は台所に行き、嫌いだった川魚を思い切って食べたのです」

父親が息子に言葉で教えたのではありません。父親の言葉は、かえって息子の反発を招いたのです。仕事に対する真摯《しんし》な態度、その後ろ姿が、息子の心を動かしたのです。

文鮮明先生のみ言《ことば》に、次のようなものがあります。

「父母が直接教えてくれるのではなく、学校で学ぶのでもありません。子女のために献身的に真の愛の一生を生きていく父母の姿を見て体得し、悟るのが子女の心情です」(『後天時代の生活信仰』83ページ)

父母の献身的な愛の姿に、子供は学ぶのです。

子供の反抗期は親がつくる

子供の成長過程には、反抗期というものがあります。「うちは反抗期のまっただ中です。反抗して大変なんです」と、思春期を迎えた子供を持つ親からよく聞きます。しかし、子供は反抗したくて反抗しているわけではありません。むしろ、親が反抗期をつくり出している場合もあるのです。

「統一原理」によれば、人間は自由意志と自由行動によって責任分担を果たすようになっています。小学生、中学生、高校生と、成長するとともに、自由意志と自由行動の世界が拡大していきます。

幼児のころは全面的に親に頼っていた子供も、成長するに従って、自立心が芽生えてきます。「自分で考えたい」、「自分でやってみたい」という心が芽生えてくるのです。

ところが、親は小さい頃と同じように扱おうとします。そうすると、子供は反発します。親の力をはねのけようとして、反発するのです。その時期のことを反抗期と言うのです。ですから、反抗期と言うよりも、「自立期」と言うほうがいいのではないかと私は思います。

この時期は、子供から大人へと成長していく大切な時です。心が敏感になり、不安定になる時期でもあります。自分で自分の心をコントロールできないことも多いので、ついカッとなったり、反発して親の心を傷つける言葉を吐いたりしてしまうことにもなるのです。

親が子供の心の動きにアンテナを張っていれば、子供の心の変化を感じ取ることができるはずです。それなのに、子供の変化に気付かないまま、それまでと同じように子供に対応して、子供が口答えをすると、「親の言うことが聞けないのか！」と決めつけ、高圧的になって怒ってしまうわけです。

「うちの子は反抗なんてしたことがありません。何も問題ありません」という家庭はもっと深刻です。なぜなら、親に反抗することすらできない子供に育っている恐れがあるからです。自立期を通過しているかどうか、よく見てあげなければなりません。いろいろなことをぐっと我慢して、心の中にため込んでいる可能性があります。そのような人は、下手をすると、主体性がなく、自信を持てない人間になってしまう可能性があるのです。

親は生涯、子供の「人生の応援団長」でありたいものです。良いことがあれば一緒に喜び、悲しいことがあれば一緒に悲しみを分かちあってあげたいと願います。

しかし、子供が大きくなるに従って、次第に子供の心が理解できなくなってしまいます。子供の行動が受け入れられなくなってしまうのです。子供の気持ちが理解できず、共感できなくなっている自分を発見することが多くなります。そして、イライラして子供の行動を変えたいと思ってしまうのです。

子供に愛を伝える

親は、子供に「やる気」と「思いやりの心」、「感謝の心」を持つ人になってほしいと願います。

子供がそのような人になるためには、親の「真の愛」が必要です。子供に親の愛がきちんと届いていなければなりません。

子供を愛していない親はいません。しかし、親の愛情が子供に届いていない場合があるのです。親が子供を愛することと、愛する気持ちを子供に伝えることとは違うのです。

日本人は、愛情表現が下手だと言われます。それは、親の子供に対する愛情表現も同じです。親が子供を愛しているのは当然です。自分が愛していることは当たり前なので、子供は親が愛していることを分かっているはずだと思っているのです。しかし、子供は親の愛情を感じていないことが多いのです。

どうすれば親の愛情が子供に届くのかを確認しなければなりません。そのためには、子供に愛情を届けることを勉強しなければいけません。「相手に届く」ように愛することを訓練しなければならないのです。そして、それを生活化していくのです。

親子関係について行った講座に参加した、ある母親の話です。

「二日間の家庭力アップ講座に参加した時のことです。一日目の朝に家を出る時、小学一年生の娘が、『母さん、どこへ行くの?』と聞いてきました。母親が出かけるのをかなり嫌がっているようでした。『きょうはどこにも行かないでほしい』という感じでした。

二日目の講座に出かけようとしたとき、娘は、『母さん、またどこへ行くの?』と聞いてきました。私は、講座で学んだことを娘に話してみました。『講座の先生が言っていたんだけどね、親の愛が子供に届いていないんだって。だから、親の愛情が子供に届くようになりたいから、勉強に行くんだよ』と言いました。

すると娘は、『そうだよ、母さん。そのとおりだよ。しっかり学んできてね』と言って私を送り出してくれました」


子供は親の心にとても敏感です。小さな子供であっても、親の心をよく理解しているのです。理解していると言うよりも、感じているのです。

どうしたら親の愛が子供に届くのか、その方法を考えていきたいと思います。

子供は「育つ」もの

教育は「教」と「育」の字から成っています。「教える」という意味合いと、「育てる」という意味合いがあるのです。これは、教える側からの表現ですが、もう一つ、子供の側からは、「教わる」、「育つ」という表現もあります。

英語の「educate」には、「引き出す」という意味があります。子供の持つ才能、可能性を見いだして、引き出してあげるのが教育であるという考えです。子供は「種」を持っており、それを育てる、育むのです。子供が育つのを助けるわけです。ところが、日本では「教える」ことが中心になっているように感じます。

学校では、算数や国語、理科などの教科を、先生が授業で子供たちに教えます。「教える」ことが中心になっています。先生は教科について深い知識があり、教え方を知っています。では、家庭ではどうでしょうか。子供が「育つ」環境をどのようにしてつくるかということが中心になります。明確に分けることはできませんが、学校は「教える」ことに主な責任があり、家庭は子供が「育つ」ことに責任があるのだと思います。

でも、家庭でも、「教える」ことが中心になっているのではないでしょうか。

親は子供に比べて知識があり、失敗や成功の体験をたくさん持っています。それで、「教えたい」「教えなければいけない」と、どうしても思いがちです。その結果、子供に「教える」ことが中心になり、子供が「育つ」環境づくりは後回しになってしまうのです。

親が教えると、子供は何でも教えてもらおうとする癖がつきやすくなります。依頼心が強くなります。結局、親が教えることで、子供は自分自身で考える力がつきにくくなってしまうわけです。

親が子供に「教える」という場合、中心は親になります。教えることができれば、親は心が満たされるでしょう。ところが、子供が理解できないと、イライラして「分かったの？聞いているの！」と怒ってしまうのです。

それに対して、子供が「育つ」という観点に立てば、中心は子供になります。よく「子供は、親の後ろ姿を見て育つ」と言います。実際、農家や自営業者などのように、家庭で親の働く姿を見て育った子供のほうが、親の働く姿を見ていない子供より、良く育つ場合が多いのです。家庭での親の生き方が子供の育つ環境をつくるのです。

教えることと育つこと

教える	育つ
親の心が満たされる	子供の心が満たされる

子供が良く「育つ」ためには、子供の心が愛情で満たされなければなりません。そのためには「愛情の伝え方」を学ぶ必要があります。

親は子供に良くなってほしいと願い、子供の行動を変えようとします。教会に行かない子供を教会に行かせようとしたり、勉強をせずにテレビを見たり、ゲームばかりしている子供を勉強させようとします。しかし、子供はなかなか思うように行動を変えてくれません。そうすると、親は子供に対して怒るようになります。

父と子の例を一つ紹介します。

「息子が中学生のときでした。勉強せずに遊んでばかりいたので、『テレビやゲームばかりやっていて勉強しないと、駄目な人間になるぞ。親の気持ちが分からないのか！』と怒ったのです。

すると息子が、『お父さんは自己満足で怒っているだろう』と言い返しました。『親をばかにしているのか』と声を荒げると、息子は『お父さんは怒ったから気が済んだろう。でも、怒られた僕の気持ちはどうなるの？』と言うのです。

そのときはすぐには、子供が言ったことが理解できませんでした。あとでじっくり考えたとき、息子の言うとおり、『自己満足』だったと悟りました。子供は、親の動機をよく感じているのだということが分かりました」

親は自分の気持ちをぶつけただけで、子供に何の良い影響も与えていなかったのです。子供への願いが、怒りとなったり、命令になったりして、子供に押しつけているのです。子供は親の言うことを聞くのが当たり前だ、親の言うことを聞くのが良い子で、聞かないのは悪い子だと考え、子供に対して悪い印象を持つようになってしまいます。

子供の気持ちや意志を考慮せずに、自己満足に陥っていないか、よく注意しなければいけないのです。

親の感想を紹介します。

親の感想：「子供たちに対して『教える』という立場で接していたことが多くあり、反省するばかりです。そのことに気付かせていただいたことを、感謝します。子供に変わるよう要求するのではなく、自分自身が変わることが大切であることを実感しました。きょうから実践していきたいです。また、家族で話し合いの場を持ちたいです」

親の感想：「私は、子供を『育てる』のではなく、いつも『教えて』いかなければという思いから言っていたことに気付かされました。『してあげなければ』、『教えてあげなければ』、『正してあげなければ』という思いから出発していたように思います」

子供の気持ちを感じ取る

神様は、人間にその時代を生き抜くための感性を与えておられます。

今の親の世代は二十世紀に生まれ、二十世紀の環境を生き抜く感性を持って青春時代を過ごしてきました。

一方、今の子供たちは二十一世紀の環境を生き抜いていくための感性を神様から与えられているのです。二十世紀の感性と二十一世紀の感性とはずいぶん違います。二十世紀の感性で二十一世紀に生きる子供たちと接しても、子供が「育つ」環境を整えることは難しいように思います。

心の教育は、感性を養うことだとも言えます。感性は体験の中で養われていきます。家庭生活での家族関係や、自然の中でさまざまなものに触れることで、多くのことを感じていくことができます。親の手伝いをしたとき、親が喜んで感謝する姿を見て、子供は親の情を感じ、人のためになることをしたいと心から思うでしょう。

感性が養われていけば、さまざまなものに対する理解力や判断力も育つようになるのです。子供たちがたくましく生きる大きな力となるのです。

次のような文鮮明先生のみ言があります。

「父母が直接教えてくれるのではなく、学校で学ぶのでもありません。子女のために献身的に真の愛の一生を生きていく父母の姿を見て体得し、悟るのが子女の愛です。成長して分別がつくようになって子女の心情が完成するのです。父母のためにすべてのものを捧げ、人生の基準を完成するのです。それは父母が語る前に父母の心を読み取り、願われたとおりに従っていく人生の姿となります」（『後天時代の生活信仰』83～84ページ）

親の感性が豊かであれば、子供も感性が豊かになってきます。親が子供の気持ちを感じ取った言動をすれば、子供は、「お父さん、お母さんは、僕のことをよく分かっていてくれている」と実感できるようになります。

一般社会では、子供たちの八割が「親から理解されていない」と感じているそうです。私たちはどうでしょうか。「原理」を知ってはいても、実際には「授受作用」がうまくできていないことが多いのではないでしょうか。忙しさのあまり、子供と向き合う時間が少なくなっているのではありませんか。問題は、子供の気持ちを親が感じ取っていないことです。「親の愛情が子供に届いていない」、「親の愛が子供に届くには、子供の気持ちを分かってあげること」、そんな内容の話を、中高生とその父母にしたことがあります。父母が子供の気持ちが分かるようにならないといけない、変わらないといけないといった内容です。

中高生は三十人ほどが参加したのですが、「僕も家庭を大事にしないといけないと感じま

動機の転換

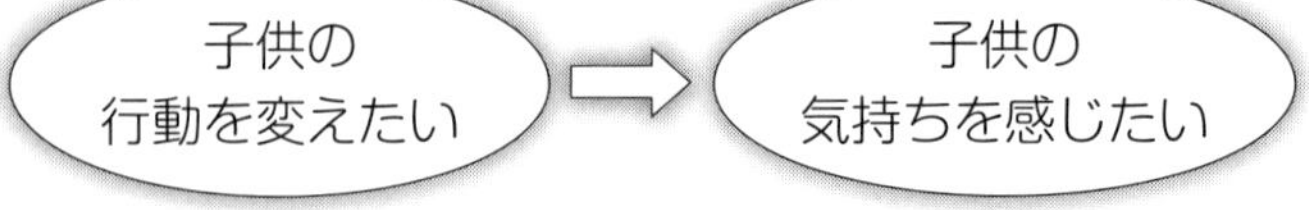

した。家で、もっと自分のことを話すようにしたい」、「きょうは、失敗しました。母親しか来てもらえなかったからです。この話を、ぜひ父親にも聞いてもらいたいです」といった感想を述べていました。一人の高校二年生の男子は、「僕の両親はもう年なので、今から変わるのは難しいです。だから、僕が変わります」と言っていました。

親は、子供の行動を変えさせようとする前に、その行動をする子供の気持ちを感じてあげるようにしてください。感じること、共感することが大事です。子供が感じているのと同じように感じることです。

そのとき、子供は、「お父さんは、僕の気持ちを理解してくれている」と思うのです。共感してくれなかったら、理解してくれているとは思えないのです。

親の要求を優先していないか

子供の気持ちに共感できるようになったら、次に、**親の気持ちを率直に子供に伝えるよう**にしてみてください。うれしいのか悲しいのか、喜んでいるのか怒っているのか、実際に言葉で表現するのです。そうすることによって、子供は「こういうときに、お父さんはこんなふうに感じているんだな」と、親の気持ちを感じ取れるようになっていくのです。

親が子供の気持ちに共感することが大事であるように、子供が親の気持ちに共感することも大事です。つまり**共感し合うこと**です。このことについては、後で詳しく述べたいと思います。

子供は、親の言葉を聞き、その行動を見ながら、親の動機を敏感に感じ取っています。親は子供のためだと思っているけれども、実は自己満足であったり、自分の怒りや不満を子供にぶつけたりしていることも多いのです。子供は、それを敏感に感じているのです。

自分が何を優先し、何を価値視しているのか、もう一度、確認してみましょう。自分の心を見つめ、整理してみるのです。自分の心を見つめてみると、子供を見つめる余裕が出てきます。子供を見つめられないということは、自分を見つめていないことなのだと考えてみてください。

次の三つの質問に答えてみてください。

1「家族の問題点を箇条書きに挙げてみてください。いくつでも結構です。一分ぐらいでお願いします」

2「家族に変わってほしいと思う点を箇条書きにしてみてください。一分ぐらいでお願いします」

3「次になぜ、そのように望んでいるのか、理由を書いてください。一分ぐらいでお願いします」

どうでしたか？　自分が家族に対してどう思っているのか、何を要求しているのか、分かりましたか。

この質問の「家族」の代わりに「子供」を入れてみてください。子供に問題点があり、それを変えてほしい、何とかしたいと願っていることが確認できます。

では、次の三つの質問はどうでしょうか。

比較的小さな子供の例ですが、子供が小さかった当時のことを思い出しながら、自分のこととして捉えて、心から素直に聞いてみてください。目を閉じてイメージしてください。文章を三つ読みます。自分を省みてください。

①「遊んで部屋をちらかす子供を怒るあなた。楽しく遊んでいる子供の気持ちより、部屋をきれいに保ちたいあなたの気持ちを優先していませんか?」

②「塾に行こうとしない子供に『行きなさい』と言うあなた。子供が勉強ができることで、自分が良い親であると人から認められたいと思っていませんか?」

③「おかずを残す子供に『全部、食べなさい』と言うあなた。子供の気持ちや健康よりも、自分が料理を作った気持ちや、労力を認めてほしいという気持ちを優先していませんか?」

どうでしたか?　何かを感じることができたでしょうか。子供の気持ちをしっかりと受け止めていたでしょうか？　それとも、親としての自分の事情や気持ち、要望を優先していたでしょうか。

子供に寄り添う

子供の気持ちを感じるように努めながら、親としての自分の気持ちを率直に伝えることです。子供と共感し合ってこそ、授受作用ができるのです。

授受作用は、ある面、横的関係です。横的関係も原理的なものです。横的関係を結ぶ中に初めて、親子が心を一つにできる道があります。横的関係を通して愛が成長するのです。

「親は権威を持って子供を扱うべきだ」という考え方があります。親が権威を持っていなければ、子供がつけ上がり、親の言うことを聞かなくなるので、親が権威を持って命令、あるいは指導し、躾《しつけ》をしないといけないというのです。これは、親が子供を「教えて」育てようとするものです。

しかし、大抵、そのような親は、子供を愛することに自信がなく、子供としっかり向き合って授受作用することができていないのです。それで、親だからというだけで従わせようとするのです。

子供としっかりと向き合い、愛情が子供に届いていることが分かれば、子供の心と一つになることができるようになります。

上から目線では、親子が心を一つにすることはできません。親が上から目線で自分を見つめていることを、子供は敏感に感じ取っているのです。

親の感想を紹介します。

親の感想：「親の権威をかざして子供に接することが多く、『～しなさい』を日々連発していました。私の姿勢や行動が変わることによって子供が変わっていく、成長していくということが分かりました。それを妨げていたのは自分だったと思います。いつの間にか、自分の思いを中心にして判断し、行動していたことを反省しました。もっと子供の気持ちを分かってあげていきたいと思いました」

文鮮明先生のみ言に、次のようなものがあります。

「一心になろうとすれば、一つは上にあり、もう一つは下にあるという状況ではできません。父が上にいて息子、娘は下にいる、それでは一心になれないのです。同等な立場で平面的に位置していてこそ、一心になれるのです。

……夫婦も同じです。横的関係において内外関係、前後関係の位置に立ってこそ一心になるのであって、上下関係では絶対に一心になれません」（『後天時代の生活信仰』44ページ）

親子は、同等な立場で平面的に位置していてこそ、一心になれるのです。これはすべての人間関係に当てはまります。子供と心を通じ合えるようになりたいなら、親は子供の上にいるのではなく、子供の横に来て、寄り添うように接することが必要です。子供を背負ってあげる気持ちで寄り添ってあげることが必要なのです。そうすれば、子供が親を信頼し、慕って、横にいる親を、上へと押し上げてくれるのです。

皆さんは、なぜ神様が好きなのですか？　上にいて命令してくれるからですか、指示してくれるからですか？　権威を持っているからですか？　どうでしょうか？

「足跡」（Footprints）という詩があります。キリスト教信仰の詩として有名なもので、作者はマーガレット・F・パワーズです。

人生には、時には、神様から見捨てられたのだろうかと思われるような試練があります。しかし、神様はいつでも、むしろ困難なときにこそ、共にいてくださるのだということを教えてくれる詩です。

次のような内容の詩です。

ある夜、私は主とともに渚を歩いている夢を見た。これまでの私の人生が暗い夜空に映し出されていた。どのシーンにも、砂の上に二人の足跡があった。一つは私のもの、もう一つは主のものだった。

これまでの人生の最後のシーンまで映し出されたとき、砂に残された足跡を見ると、一つの足跡しかない所があった。それは私の人生の中でどん底で、最も悲しい時だった。

私は主に尋ねた。

「主よ、私があなたに従うと決心した時、あなたは私に、すべての道において、私と共に歩み、私に語ると言われました。それなのに、私が最も苦しい時に、一つの足跡しかありません。私が最もあなたを必要としている時に、あなたがなぜ私を見捨てたのか、とても理解できません」

主はささやいた。

「私の愛する子よ、私はあなたを愛している。あなたを決して見捨てない。まして、あなたが苦労や試みに遭っている時などに。足跡が一つしかないと見える時、私があなたを背負って歩んでいたのだ」


足跡が一組しかなかったのは、神様が私を背負って歩んでくださったからだったのです。神様は、幼い子供である人間を背負って歩んでくださっているのです。私の横にいたのではなく、私の下にいてくださったのです。

私たちも、子供と「一心」になるために、まずは「同等な立場」、「平面的な位置」に立たなければならないのではないでしょうか。

私たちが神様が好きなのは、神様がいつも私と共にいてくださるから、私の気持ちを分かってくださっているからでしょう。私たちも、子供の気持ちを共に感じてあげる、共感してあげましょう。共感してくれたときに、「分かってくれている」と感じるのです。

第二章 親の愛情が届いていない

子供の気持ちを理解していますか

子女教育についてさまざまな本が出版されています。その多くに、親が変わらなければならないとか、親が問題であるなどと書かれています。親としては、なかなかつらいものがあります。では、親はどのように変わったらよいのでしょうか。

子供には、自分の部屋くらいは片付けてほしいものです。ですから、部屋を片付けない子供を見ると、つい、「自分の部屋ぐらいは片付けなさい！」と言ってしまいます。朝、自分で起きてこないときなどは、「早く起きなさい。自分で起きなければいけないでしょ！」。学校に行かない子には、「学校に行きなさい！」と怒鳴ってしまいます。

子供の行動を変えたいと思うのが親でしょう。朝起きてこない子供に「早く起きなさい」と叱り、「テレビばかり見ないで、勉強しなさい」と怒ります。なかなか教会に行きたがらない子供に、教会に行くようにさせたいのです。

しかし、子供はなかなかそうしようとはしません。そんな子供の姿を見て、子供に対して、むかつき、怒ってしまいます。そして、子供に対して悪い印象を抱いてしまうのです。

でも、勉強しない子供の気持ちを分かってあげたことがあるでしょうか。教会に行かない子供の気持ちを分かってあげようとしたことがあるでしょうか。

親は、このままでは子供はどうなってしまうのだろうと心配になって、一言、きつい言葉を言ってしまうのです。その結果、子供はどうなるでしょうか。「分かっているよ！」と、つい反抗的になり、何も返事をしないといった態度に出てしまうことが多いのです。

親の愛情が子供に届くためには、子供の気持ちを感じたい、共感したい、分かち合いたい、という心情を先立たせて子供に接することが大事です。そのためには、子供の行動を変えたいという動機からではなく、まずは子供の気持ちを分かりたいという動機を持って、子供の話を共感的に聞くことです。

そうすることによって、子供は、親の愛情を感じ、素直な心を表現してくれるようになるのです。そして、子供は、親の願いを理解して、自ら行動を変えていこうとするのです。

一つの例を通して、このことを考えてみましょう。スティーブン・コヴィー氏の『ファミリー　七つの習慣・家族実践編』（キングベアー出版）の中の例を用いて考えてみましょう。これは、なかなかうまくいかない父と息子が、コヴィー氏に相談しながら、次第に一つになっていく話です。父と息子が仲直りしていくのは、そう簡単ではなかったことでしょう。父と息子が、仲直りできたポイントを考えてみましょう。

父親によれば、この息子は、「反抗的で、感謝の気持ちを一切表さず、いつもふてくされている」という。

父親：「どうしたらよいか、さっぱり分からないんです」
コヴィー：「多分、息子さんは自分が理解されていないと感じているのだと思いますよ」
父親：「息子のことはもう十分に分かっているんです。それに私の言うことを聞けば、万事うまくいくってことも」
コヴィー：「息子さんのことを全く理解していないと、仮に考えてみてはどうでしょうか。

白紙に戻すだけでいいんですよ。評価したり裁いたりせずに、彼の言っていることを聴けばいいのです」

それで、父親は息子のところへ行って、次のように切り出した。

父親：「私はおまえの話をもっと聴かなくっちゃいけないな。たぶんおまえのことをあまり理解していなかったと思うので、もっと理解できるようになりたいんだ」

息子：「パパが僕のことを理解したことなんかないよ。一回たりともね」

父親：「コヴィーさん、駄目でしたよ。私は言いたくなりました。私が何をしてやろうとしているのか分からないのかとね。もう希望はないですよ」

コヴィー：「息子さんはあなたの誠意を試しているのですよ。あなたは、本当に息子さんのことを理解したいとは思っていないですね。あなたが望んでいるのは、息子さんの行動を改めさせることだけなんですよ」

父親：「行動を改めないと駄目です。あの坊主は。息子は自分のやっていることが悪いことだとよく分かっているはずなんですよ」

コヴィー：「あなたの心は、裁く気持ちでいっぱいなのです。上辺だけの傾聴のテクニックを使って息子さんを改めさせることができると思いますか。あなたは自分の頭の中、自分の心の中から働きかけなければならないのですよ。そうすれば、やがては無条件に息子さんを愛することができるようになるはずです。彼が態度を改めるまでその愛を出し惜しみせずにね」

父親は今まで上辺のテクニックを使っているだけだった。誠心誠意、人の話を聴くために必要な力を与えてくれる自分の内面を変える努力をしていないことを悟った。

父親はやがて自分の内面が変わり始めているのを感じた。息子に対する気持ちが、柔らかく、感受性に富んだものになっていった。

ある夜、父親は息子に声をかけた。

父親：「私は今まで本当の意味でおまえのことを理解していなかったということに気が付いたよ。今は、努力してみたいんだ。これからもその努力を続けるということを、おまえに知ってほしいんだ」

息子：「パパは僕のことを絶対に理解できないね」

そして、立ち上がってドアに向かった。父は、息子に向かって言った。

父：「行く前に、一つだけ言いたいことがあるんだ。この前、友達の前で恥ずかしい思いをさせて悪かった。ごめんよ」

息子は、振り向いた。

息子：「どれだけ恥ずかしかったか、パパには分からないさ」

そして、息子の目には涙が溜《た》まり始めていた。

後で、父親がこのことを私に伝えた時、次のように説明した。

父親：「コヴィーさん、息子の目に涙が浮かんだのを見た瞬間、予想以上の衝撃が私を襲ったんです。彼がそれだけ傷つきやすく、それだけ感受性豊かであるということを、今まで全く知りませんでした。その時初めて息子の話を本当に聴いてみたいと思ったんです」

そして、父親はその後、実際に息子の話を聴くことになった。息子は徐々に打ち明け始め、深夜までその会話は続いた。妻が部屋に入ってきて「もう寝る時間ですよ」と催促しても、息子は「もっと話したいんだ。そうでしょう、パパ」と答え、二人はとうとう朝方までしゃべり続けた。

（『ファミリー　七つの習慣・家族実践編』から抜粋）

いかがでしょうか。葛藤していた親子が、見事に一つになっていきました。おそらく何カ月も費やしたことでしょう。父と息子の両方が、想像を超える多くの葛藤をしたことでしょう。父親は、コヴィー氏の協力を得て、あきらめることなく最後まで、息子と向き合っていったのです。

この父親が転換されるポイントは、どこだったのでしょうか。

第一は、父親が息子を信頼し愛することができたことです。

父親は、息子のことを「悪いことをしている」、また自分は「息子のことは全部、分かっている」と勝手に思い込んでいました。そして、息子を信頼できませんでした。さまざまな葛藤の中で、「息子のことを理解していなかったかもしれない」と気が付き、自分が分かっていないことを自覚できたのです。

第二は、父親が子供に謝ることができたことです。

父親は、息子が悪いから、それを直したいと思っていました。悪いのは息子で、自分自身が悪いとは思っていなかったのです。親は自分が正しくて、教えなければいけないと考えます。しかし、親にも過ちはあるのです。それを認めて謝ること、それは親にとっては勇気の要ることでしょう。しかし、子供にとっては自分のことを受け入れてくれたと感じられるほど、大きなことなのです。

第三は、父親が「自らを変えることができた」ことです。

父親は、子供の行動だけを変えたいと望んでいたのですが、心から息子の気持ちを分かりたいという気持ちに転換されたのです。

父親は最初、コヴィー氏から言われて、息子の行動を変えたいと願って、子供の話を聞こうとしたのですが、結果が出ないので、すぐに落胆してしまいました。しかしその後、コヴィー氏からさらに助言を受けて、自分自身を自覚できるようになりました。そして子供に謝罪しました。それによって子供の心が開かれたのです。

自分自身が転換され、息子の行動を変えたいと願う気持ちから、心から息子の話を聞いてみたい気持ちになったのです。その父親の気持ちが、息子に伝わったのです。つまり父親が自らを変えることができて初めて、親の愛が息子に届いたのです。

日本人は子供を自分のもの、自分の所有物のように考える傾向があります。でも、**子供は親とは別の人格です。一人の人間として尊重し、尊敬しなければなりません。**そのことをはっきりと自覚することが大切です。

一時停止ボタン

私たちは、なんと感情的になりやすいことでしょうか。感情の勢いに流されて、心にもないことを言ってしまい、後悔する。言われた言葉に反発し、怒りを込めて反論する。そんなことを、何度も経験したことがあるのではないでしょうか。

そして、「あんなこと、言うんじゃなかった」、「あの時、ちょっと立ち止まって考えていれば、あんなことにはならなかったのに」と思うのです。些細《ささい》なことで、言い返したり、反発したりして、とんでもない関係へと進んでいってしまうことがあります。

子供の気持ちを共感したいと思っていたとしても、感情的になると、一度に吹き飛んでしまいます。そのようなことが続くと、自分自身に対しても、自信がなくなってしまいます。

そんなときに、「ちょっと待てよ」と、「一時停止ボタン」を押すのです。そうすることで、自分に湧き上がる感情と、それに対する反応や行動の間で立ち止まり、自分の反応を選択できるようになるのです。子供の様子を見てみようと待つ、子供の気持ちを聞いてみる、子供に言葉をかけてみるなど、自分の反応や行動を選択していけるようになるのです。

ここで大切なのは、子供の態度に対して感情的になって、その感情のままに行動しては良くないことを「自覚」できていることです。

「自覚」するというのは、自分自身の考え方、思いや望みを客観的に把握することです。このような「自覚」する姿勢がなければ、子供の心を真に理解し、子供を信頼し愛することができず、親自身が変わることも難しいのです。

人間関係の中で感情的になってしまったとき、「一時停止ボタン」を押すことにより、感情的行為が抑えられるようになります。例えば、感情的になったまま夫婦げんかをして子供たちに嫌な思いをさせてしまうところを、「一時停止ボタン」を押すことで、夫婦げんかをしなくても済むことができるわけです。夫婦げんかをして、感情的なまま行動することで子供に伝えていた悪習、良くない傾向を断ち切ることができるようになります。

「一時停止ボタン」を押せるようになるための一つの方法を紹介します。「十まで数える」というものです。このとき、呼吸することだけに意識を集中するようにしてください。他のことは考えず、「十まで数える」ことだけに集中してください。

大きく息を吸い込んだのちにゆっくりと吐き、吐き終わったら、心の中で「一つ」と数えます。再び息を大きく吸い込み、ゆっくりと吐きます。そして、心の中で「二つ」と数えます。このようにして「十」まで数えます。一度、挑戦してみてください。

もし七まで数えて、「あと三回やればいいのだな」などと考えたら、意識が集中できていないことになります。大抵、三つか四つまで数えれば、別の考えにはまり込んでしまいます。

他のことを何も考えずに「十まで数える」ことができれば、「一時停止ボタン」を押せたことになります。自分の置かれた状況から一歩引いて、自分自身を見つめることができたことになります。つまり、自分自身の行動を意識することができたのです。

子供が反抗的であったり、ふてくされたり、あるいは無視するような態度を見せるとき、親にはいろいろな感情が湧き上がってきます。そんなときには、この「一時停止ボタン」を押すようにしてください。子供の言葉や態度に対してカッとなって、一言、口にする前に、大きく深呼吸してみるのです。大きく息を吸って、ゆっくりと息を吐き切るのです。そうすると、感情の爆発にブレーキをかけることができるでしょう。

思いの電車

一つのことに意識を集中しようとすると、さまざまな雑念が入ってきて、集中できなくなるものです。このようなことを、文亨進《ムンヒョンジン》様は著書『天和堂』の中で「思いの列車」という表現をされ、その克服法を紹介されています。今は列車と言うよりも電車のほうが身近に感じるでしょうから、「思いの電車」と言うことにします。

心の中に入ってくる雑念は、ちょうど電車に乗り込んでくる乗客のようなものです。電車は駅に停まって乗客を乗せますが、心の中に雑念という乗客を乗せるのです。

例えば、勉強に集中しなければいけないのに、前日、学校で先生に怒られたことが思い出されて、勉強に集中できない。子供から暴言を吐かれたことのある母親が、それを忘れることができず、目の前にいる子供を愛せずにいる。明日の試験のためにしっかりと勉強しないといけないのに、試験のことが不安で、大切な今という時間になかなか集中できない。このように、過去や未来という「思いの電車」に乗り続けているのです。

今すべきことにとどまり、しっかりと集中して、積極的に努力するのではなく、過去の経験や、未来に対する恐れと不安に、しっかりととらわれているのです。

不幸なことに、これでは過去を克服することも、より良い未来を創造することもできません。私たちは、このような「思いの電車」に乗っているのです。

「今」生きていることは、後で見れば過去となります。ですから、今をどのように生きるかが、私たちの過去をつくり上げていくのです。「今」を一生懸命、生きていれば、私にとって過去は有意義なものになるでしょう。また、「私の未来」は、今どのように生きているかによって決定されるのです。今、一生懸命生きていれば、私の未来が、希望のあるものとなることでしょう。

過去と未来、どちらの「思いの電車」に乗ったとしても、私たちは、最も重要な「現在」にいないのです。現在という瞬間こそが、私たちには実際的なものなのです。時間は常に「今」があるだけです。もしこのまま「思いの電車」に乗り続けていくならば、その終着駅は必ず、幸福ではなく不幸という駅に着いてしまうでしょう。

「思いの電車」は、過去や未来に対して、不安、恐れ、妬み、怒り、憎しみなど、多様なものをたくさん乗せています。悲しみに対しては、「悲劇のヒロイン」の思いに浸りやすいのです。

そして、集中しなければならない「今」に集中できなくなっているのです。不幸にも、このような考え方が私たちの未来を決定するのです。そして、このことに気が付かないまま、過去や未来の「思いの電車」に乗り続けているのです。

では、どうしたら「思いの電車」から降りることができるのでしょうか。

思いの電車

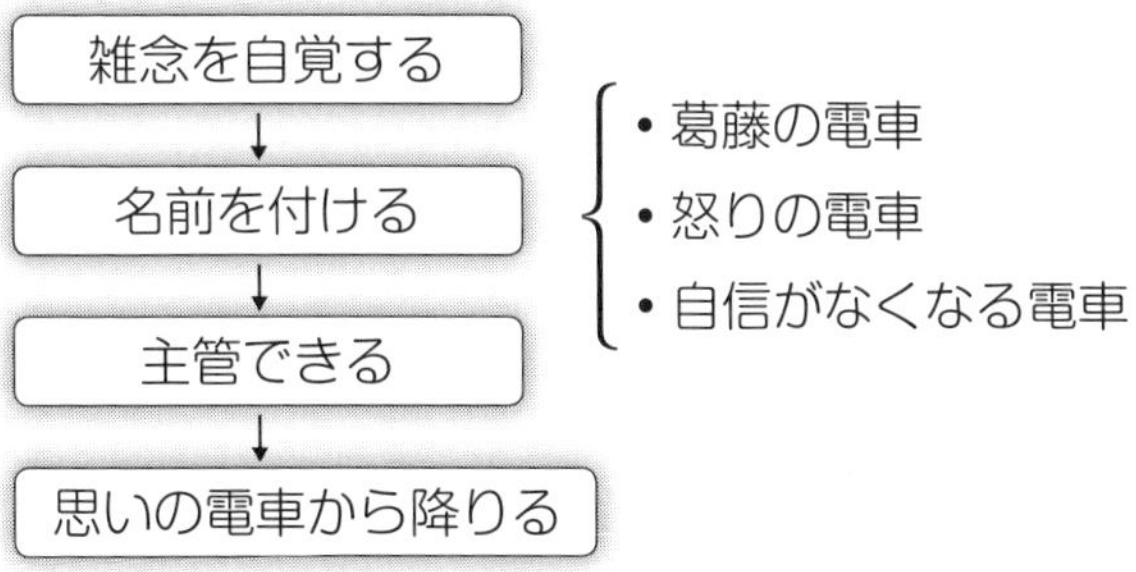
雑念を自覚する
名前を付ける
主管できる
思いの電車から降りる
・葛藤の電車
・怒りの電車
・自信がなくなる電車

まず私たちは、過去や未来の**「思いの電車」に乗っていることに気付き、そのことを自覚する**必要があるのです。なかなか集中できないのは、自分が「思いの電車」に乗ってしまっているからであることに気が付く必要があります。「思いの電車」に乗ってしまっていることを自覚できたとしましょう。次に、その「思いの電車」に名前を付けてみるのです。例えば、「葛藤の電車」、「怒りの電車」、「自信がなくなる電車」などと**名前を付ける**のです。

心の中ではっきりとその名前を言ってみてください。「思いの電車」があまりにも多い場合や、次々とやって来る場合には、まとめて「思いの電車」と言ってみてください。「思いの電車」に名前を付けることによって、それを主管できるようになってきます。

そして、**「思いの電車よ。私は乗らないから、早く過ぎ**

去れ」とはっきりと意思表示するのです。それを、何度も何度も言ってみます。そうすると、「思いの電車」に乗ることなく、「思いの電車」をやり過ごせるようになってくるのです。

過去にいろいろな事件があって、恨んでいる人がいれば、その人を思えば「恨み」という「思いの電車」に乗ってしまうことになります。そのようなことがあれば、心の中ではっきりと「『恨みの電車』よ、私は乗らないよ。早く行ってしまいなさい」と言ってみてください。一度だけでなく、何度も何度も言ってみるのです。

次第に自分の**心の中の雑念を主管できるようになり**、「今」という大切な時に、**今やるべきことに集中できるようなる**のです。そうすれば、私たちは、自由に「思いの電車」から降りて、今を大切にできるようなります。

では、あなたは、どんな「思いの電車」によく出会うのでしょうか。考えてみてください。きょうから七日間ほど、「思いの電車」を自覚してみてください。

そして、はっきりと「思いの電車」に**「私は、乗らないから早く過ぎ去りなさい」**と心に言い聞かせてみてください。そうすれば、今に集中できるようになるでしょう。

子供に対する思いも、同様です。子供に注意するとき、そのときのことではなく、過去に遡って、「あの時、おまえはこうしたではないか」、「前から思っていたけど……」などと、今ではないことを持ち出して非難したり、怒ったりしてはいないでしょうか。そんな場合、子供は理不尽に感じ、強く反発するようになります。

一つの「思いの電車」をコントロールできるようになったら、さらに次から次へと湧き上がってくる「思い」をコントロールできるように努めましょう。

子供の立場に立ってみる

親は、子供に指示したり、期待したりしますが、なぜその指示をするのか、なぜそう願うのかを説明していないことが多いのです。

親は子供に対して何を期待しているでしょうか。多くの場合、自分の要求や期待が満たされることを願うでしょう。ところが、子供は「あなたが私のことを大事に思っていると分かるまで、あなたの意見に興味はない」と思っているのです。

子供を理解しようと努力してみると、子供の心に親への信頼が生まれるようになります。

その努力を続けることによって、徐々に「自分を大事に思っていてくれている」と感じてくれるようになるのです。

子供が、傷つきやすい自分をさらけ出せる、支えと励ましが受けられる環境をつくることが大事です。「ここにいてもいいんだ」とか、「ここにいる人は、自分がここにいることを望んでいてくれている」とか、「自分に関心を持っていてくれている」と感じられる居場所が必要なのです。それがあって、未来に向かって前進できるようになります。

子供は、親の動機を見抜く天才です。親として、しっかりと子供に愛が届くようにするために、子供の気持ちをしっかりと共感してあげましょう。そうすれば、今までの傷を乗り越えていけるようになるのです。

人間は、自分の眼鏡で、周りの世界を見てしまうものです。しかし、物の見方は人それぞれです。

一度、お互いの眼鏡を交換して見てみたらどうでしょう。相手の眼鏡で見てみると、ずいぶん違うものです。近視の人は近くのものは見えるけれども、遠くのものがよく見えません。

遠視の人は遠くのものは見えるけれども、近くのものがよく見えません。近視の人と遠視の人が眼鏡を取り替えたら、どうなるでしょうか。

母親と幼稚園児の子供が手をつないで、多くの観客の中で花火を見ることを考えてみましょう。母親は花火を見ることができますが、幼稚園児の子供は背が低すぎて見ることができません。母親が子供と同じ目線に立ってみれば、人のお尻しか見えないことが分かります。子供の目線で見てみることが必要なのです。

子供と話すとき、親の話の内容には願いや要望があったり、注意があったりします。それを聞く側の子供の立場に立ってみることが必要です。

親は、感情的になって子供に対応してしまうことがよくあります。「売り言葉に買い言葉」と言いますが、子供の言動に対して、つい怒ったり、むかついたりしてしまい、子供に攻撃的な態度で接しがちです。「怒り」や「攻撃的な態度」というのは、信頼関係を壊す大きな要因となります。

高慢な態度というのは、自分が優れているという自己満足的な姿勢から生まれてきます。「自分が正しいことを相手に示したい」、「自分の意見を通したい」という気持ちがあるのです。

そのような気持ちを持っていたら、信頼関係は築けないでしょう。ところが親は、子供に対して自分が正しい、自分の言うことを聞くべきだと思っているのです。

また、怒りというのは、自分自身への嫌悪感の裏返しの場合もあるのです。穏やかな心でいるならば、それほど感情的になることはないはずです。怒りの気持ちを持っているので、相手のミスや弱点を指摘してしまうのです。

マイナス的な感情との付き合い方を考えてみましょう。

他人の行動に振り回されない自分をつくるのです。自分が嫌な気持ちになるかどうかは、自分の選択なのです。

「許せない」と感じている自分を自覚し、そういう自分と向き合うようにしてみてください。心の奥にある良心の声が、次第に感じられるようになってくるでしょう。そして相手を許せるようになっていきます。焦らずに向き合ってみてください。

親は、子供に、まず自分のことを理解してほしいと要求していることが多いのです。そして、親の言うことをよく聞いてくれる子供であってほしいと要求しているのです。

もう一度、自分の姿勢を見つめ直しましょう。**「理解してから、理解される」のが原則**です。そう思っているのか、それとも「まず自分を理解してほしい」と思っているのか、しっかりと整理してみましょう。

親の感想を紹介します。

親の感想：「子供が正しい方向へ行けるように、迷い道に入ってしまわないようにと思って、自分の人生の経験で得たことを中心に、『このように行くんだよ』と教えてきました。しかし、子供に対してそのようにしてきたことが間違いであったことに気付かされました。子供によく『お母さん、否定ばかりしないで』と言われますが、『そんな気持ち、全然ないよ』と言っても、不機嫌になるだけで、気持ちが通じ合えないことを悩んできました。これからは、子供のことをよく聞いてあげ、気持ちを分かってあげられるように努力していきます」

第三章　子供の気持ちに「共感」する

『原理講論』の50ページに、授受作用について書かれています。

「あらゆる存在をつくっている主体と対象とが、万有原力により、相対基準を造成して、良く授け良く受ければ、ここにおいて、その存在のためのすべての力、すなわち生存と繁殖と作用などのための力を発生するのである。このような過程を通して、力を発生せしめる作用のことを授受作用という」

これを家庭について考えてみましょう。「万有原力」は、創造目的（理想家庭）を成そうとする神様の力です。また、「相対基準を造成する」というのは、創造目的を中心に、相手の気持ちを共感することです。「授け受ける」というのは、お互いに共感し理解し合うことです。そうすることによって、心が一つになるのです。

理解し合うのは、相手を理解して、初めて、自分が相手に理解してもらえるようになる、それが原則です。このことをしっかり理解しておきましょう。

子供を愛していない親はいません。子供に問題や課題があったとしても、愛しています。しかし、愛しているといっても、親の愛情が子供に届いているかというと、そうではないのです。子供を理解しようとせずに、親の立場から子供に要求ばかりしていることが多いのです。それでは、親の愛情が子供に届きません。子供は愛されていると感じていないのです。

親の愛情の伝え方について考えてみたいと思います。二つの話の「聞き方」と、一つの「話し方」を紹介します。二つの聞き方というのは、**「共感的聞き方」**と**「積極的聞き方」**です。「話し方」は、**「私メッセージ」**です。

子供の話を聞く

二十二歳の娘を持つ母親の話です。

普段は、ほとんど話をしないのですが、親子で夕食をした後、娘のほうから母親に話しかけてきました。珍しく、娘が会社でのことをいろいろ話してくるのです。母親は、これはよく聞かなければいけないと思い、しばらく聞いていたのですが、いろいろと気付くことがあり、つい母親としてアドバイスをと思い、話したのです。すると、娘は黙ってしまいました。母親は、「しまった」と思ったのですが、娘は寂しそうな顔をして、「ただ、お母さんに聞いてほしかっただけだから」と言ったのです。娘の話を最後まで聞いていればよかった、と反省したといいます。

これまでの親の子供に対する対応を見ると、「良かったら褒める、悪かったら叱る」ということが当然のこととされてきたのではないでしょうか。でも、「悪かったら叱る」のは、どうでしょうか。

例えば、子供が犬に餌をあげる役割を担当したのに、三日間、犬に餌をあげなかった。仕方がないので親が代わりにあげたとしましょう。

子供は犬に餌をあげる責任があるわけですから、怒られても当然なのですが、親は自分の基準で叱っている場合が多いのです。また、親自身が別の問題を抱えていて、子供を叱る場合もあります。心に余裕がなく、感情的になって、つい叱ってしまうといった場合です。

子供が犬に餌をあげることは子供の責任ですから、その責任を果たさなかったことは悪いことでしょう。でも、何かの事情を抱えていて、できなかったということもあり得ます。友達にいじめられていたり、何かの壁にぶち当たっていたのかもしれません。子供が犬に餌をあげなかったことを、子供からの何らかのメッセージと理解することもできるのです。そのとき、「どうしたの？　何かあったの？」と聞いてあげていたら子供は、「実はね……」と話してくれたかもしれません。

親は自分の価値基準で子供の行動を判断しますが、子供には子供の観点があるのです。子供の事情を理解して、判断する必要があります。子供の事情を理解してから子供に対する接し方を決めてもいいのです。

子供が問題を抱えていたときに、してはいけないことがあると言われます。**命令、脅迫、説教、提案、非難、称賛、同情、侮辱、分析**などです。

親が子供の話を聞くとき、子供の気持ちを理解しよう、共感しようとするよりも、その話を分析し、それに対する答えを用意しようとして、あるいはあらかじめ用意して聞くことが多いのです。それでは、子供は理解してもらったという気持ちにはなれないというのです。

例えば、子供が不登校になったときに、「学校に行かないと立派な人間になれないよ」と言って、学校に行かせようとする。これは子供に対して説教することであり、脅迫でもあるわけです。すると、子供は心を閉じてしまうのです。

「起きなさい。また遅れるわよ」

「朝食をしっかり食べないと駄目でしょ」

「なんて格好なの。もっとましな服を着なさいよ」

「学校が終わったら、まっすぐ帰ってきなさい」

「あのスケートボード、片付けないと駄目じゃないの」

「夕食よ。なんで何回も呼ばないといけないの。お手伝いくらいしてちょうだい」

「テレビを消して、皿洗い手伝いなさいよ。私があなたくらいの年には、皿洗いくらいしたわよ」

こんな言葉を子供たちに投げかけていませんか。忙しい日常生活の中で、子供にとって、朝と夕方は母親と話せる貴重な時間です。その時に、母親から非難や命令、説教などを聞くと、子供は耳を塞ぎ、心を閉じてしまうものです。

また褒めるということも、場合によってはいけないこともあります。かえって、反感を持つこともあるからです。そして激励すること、質問することも、子供の心に圧力を与えることになるので、避けたほうがよいことが多いのです。

親が子供の良い相談相手になれないと、子供は孤立し、自分を追い込んでしまうこともあるのです。数年前、名古屋で「いじめによる自殺」がありました。子供の遺書には、親が子供の悩みを何とか解決しようと、子供にした十の質問の回答が書かれていました。

その親は、子供の様子がおかしいので、どうしたのかといろいろ質問していたのです。しかし、子供は親の質問に答えなかったのです。親は、子供がなぜ質問に答えないのかと悩んでいました。

親から質問されることが、子供にとって苦痛になることがあるのです。その子供には、質問に答える心の余裕がなかったのでしょう。**答えたくない、答えられない子供の気持ちを理解してあげることが必要**だったのです。

親は早く原因を突き止めたほうがよいと思って、なぜなのかと聞いたのです。しかし、子供が自ら不安を打ち消す方向に向かうまで、黙って話を聞いたほうがよいのです。

子供の七〜八割が、親から理解されていないと感じているのです。

親は何とかして子供に回答を教えてあげたいと思います。しかし、「教える」というのは、親の心を満たすだけになりがちで、子供に愛情が伝わらない場合が多いのです。**共感的に子供の気持ちを理解してあげること、それが、親の愛情が伝わる方法であり、子供の問題を解決できる方法なのです。**

共感的聞き方

「自立の心」、「思いやりの心」、「感謝の心」が子供に育つためには、子供が自分の問題を自分で解決できるようになる必要があります。親は子供に、自分で解決しやすい環境を整えることが必要です。この環境を整えるのが、子供の気持ちを共感してあげることなのです。

そのためには子供がどんな気持ちでいるのか、何を考えているのかをよく聞いてあげることが必要です。親は子供の話を聞くと、すぐに言いたくなるものです。「ああ、それはね……」と。それだけでなく、「この間も言ったじゃないの」、「そんなことでぐちぐち言って、男らしくない」。そうなると、子供はもう話したくなくなってしまうのです。

言いたくなる気持ちを抑えることが大事です。親、**特に母親はまず黙ること**です。そのためには、親としては決意、覚悟が必要です。子供が相談してくるような親になるのです。そうなるためには、親が成長することが必要であり、そのための訓練も必要なのです。

子供の気持ちを共感してあげると、子供は自分で問題を解決していくようになるのです。**子供自身に、問題を解決する能力がある**のです。それを信じてあげ、**自分で解決しようとするまで、忍耐強く待つ必要がある**のです。

ここで、「共感的聞き方」の例を『10代の子どもの心のコーチング』(菅原裕子著、PHP研究所)から紹介します。

「私には高校生の息子が一人います。……

それまでの私は、息子に対し、話すことと言えば指示・命令・説教ばかりであったことに気づきました。この子はどうしてこうなんだろうと、息子を責めることばかりだったと思います。……

ただ黙っているだけだから簡単だろうと思っていましたが、『黙る』というのはなんて難しいことか……。今まで黙って私の指示や命令を聞いていた息子はエライ!!……

そして黙り始めて一週間。黙って話を聞く私に対して、『調子悪いの?』が息子の反応でした。それまで、私の話を、聞いていた彼に、自分が話すチャンスがめぐってきたのです。

そして、今までの不満もふきだしました。……

『4、5、6年は学校がつらかった。特に5年の時は学校でもガミガミ、家でもガミガミ。はっきりいって、自分の居場所がなかった。家のベランダから飛び降りようと思ったけど、……やめた。

母ちゃんに自分の意見を言うと3倍になって返ってくる。だから言う気もなくなるし、こわい』……

私は今までのことを心から詫び、息子が死なずによかったと思うと同時に、自分の不安から、息子に無駄な言葉を浴びせ、傷つけていたことに気がつきました。

それに対して息子は、

『でも、今、おれは気にしてないよ。5、6年の担任から教えてもらったこともあるし、今は楽しいし。母ちゃんのアドバイスも、役に立ったこともあるから』息子のこの言葉に本当に救われました。今も、つらかった過去のことを少しずつ話してくれています。私の黙って聞く習慣も身につき始めています」

この例の中に、とても大切な二つのポイントがあります。

「今までのことを心から詫び……」とあります。母親が子供の話を共感的に聞いてみて、子供の心が分かっていなかったと初めて「自覚」できたのです。

二つ目は、「自分の不安から無駄な言葉を浴びせて、子供を傷つけていた」ことに気が付いたことです。

「共感的に理解する」ことには、子供に次のような効果があります。

①親の思いが伝わることによって、親の愛情を感じ、心が満たされる。
②親に対する信頼感が深まる。

③自己を見つめる心のゆとりが生まれる。
④自分で解決しようとする意欲が湧く。
⑤自分が抱えている問題に気付く。
⑥自分で解決する能力が身につく。
⑦自立の心が育ち、思いやりの心が芽生える。

共感された子供の心

共感してもらう
↓
分かってもらっている
↓
親の愛を実感
↓
心にゆとりができる
↓

何度も、「共感的に話を聞く」練習をし、自分のものとしてください。

子供が自分の不安を打ち消す方向に向かうまで、親は黙って話を聞くようにしなければなりません。親は、子供を何とかしてやりたい思っています。しかし、子供が何をどう感じているのかが分からなければ、「なんとかしてあげる」ことはできません。まず、子供のことを理解しなければいけないのです。

黙って子供の話を聞くことは、とても忍耐が必要です。特に思春期の子供は、親の本気度を求めているので、親も誠意を持って取り組む覚悟が必要です。

私たちは、人の心を共感する聞き方に慣れていません。ですから、「共感的聞き方」の練習をしてみる必要があるのです。

それでは、「共感的な聞き方」を練習してみましょう。父と母で、あるいは親同士二人でペアを組みます。そして聞き手と話し手に分かれます。

①聞き手は、話し手が何を言おうとしているのか、どんな気持ちなのかを理解してあげたいという気持ちで、共感しながら話を聞きます。**質問や意見は言わないで、ただしっかりと聞く**ようにします。**うなずいて聞く**ようにしてください。

②4分たったら、交代して、同じようにしてください。

③「共感的聞き方」をしてみてどう感じたか、また、「共感的聞き方」をしている人に話してみてどう感じたか、互いに感想や意見を述べ合ってください。

黙って聞いてもらうと、自分が受け入れられているように感じませんか。黙って聞いてあげることは、深い愛の行為なのです。子供に対しても、黙って聞いてあげることが大切です。親にとっては、つい言いたくなってしまう自分との闘いでもあります。

どんな相談にも乗ってあげられる親になっていくことが大事なのですが、そのためにはよく聞いてあげることです。例えば、子供が不登校になったとき、「学校に行けないのは苦しいよな。つらいよな」と共感的に理解してあげるのです。共感的に理解してあげると、子供は喜び、親の愛情を感じます。そして、お父さん、お母さんを心配させていることに気付き、学校に行こうと思うようになるのです。

共感してもらうと、子供の心はどんどん成長していきます。分かっていてもらっているという実感が、子供に余裕をつくりだし、心が育っていくのです。

文鮮明《ムンソンミョン》先生のみ言《ことば》を紹介します。

「絶対愛は、相対を絶対視する所で成立するのです」（『後天時代の生活信仰』63ページ）

子供は親のものではありません。一人一人が神様の子であり、神様から個性を授かっています。ですから、子供を尊重し、心から尊敬しなければならないのです。

積極的聞き方

子供が成長していくにつれて、だんだん、子供の気持ちが分からなくなっていませんか。親は、いつまでも「子供の人生の応援団長」でありたいのですが、子供の心が分からなければなれないでしょう。

「積極的な聞き方」は、次のような三段階を経ます。

まず、**相手が言った言葉を繰り返します**。次に、**相手の言葉を、別の言葉に言い換えます**。そして、次の段階では、**相手の心を酌み取って、共感的に理解するようにします**。

「積極的聞き方」も「共感的聞き方」と同じように、子供に親の愛情が伝わる聞き方です。「共感的聞き方」を何度も繰り返し実践することで、「積極的聞き方」が自然にできるようになります。

積極的聞き方

①子供の言葉を繰り返してあげる
②子供の言葉を言い換えて話す
③子供の心を酌み取り、共感的に理解する

「積極的な聞き方」は、子供が問題を抱えているとき、例えば、子供が、落胆、焦り、苦痛などの感情を表現するときに有効です。

「積極的な聞き方」は、子供に心を開かせ、自身の欲求や本当の感情を打ち明けさせることができます。これができれば、次の段階で、親も受け入れられるような、子供の欲求を満たす方法を見つけやすくなるのです。人の話を聞くことは、愛情を伝える、感じさせる最も有効な方法です。

以下の会話は、「家族の心が育つ教育」などをテーマに活動をされている親業シニアインストラクターの江畑春治先生が紹介している、親と子の会話です。子供の発言に対する親の応答が、それぞれ三つ挙げられています。子供の感情を最も適切につかんでいると思われるものはどれか、考えながら読んでみてください。

＜中学一年生と母親の会話＞

子供：お母さん、僕、テニス部を辞めて柔道部に入りたいんだけど、駄目かな。

母親：①あら、テニス部より柔道部がいいのね。

②なに言ってるの、まだ一カ月にしかならないじゃない。

③何か嫌なことでもあったの？

これは①が良いでしょう。②は母親が言いたいことを言っているだけで、自分の主張を述べています。③は、子供は何か嫌なことがあったと言っていないのに、言っているので、「詮索」していることになります。これでは、子供は聞いてもらっているという気持ちになりません。子供に共感しているのは①です。

子供：そうなんだ。柔道部は強くなると段がもらえるしさ、男らしくていいと思うんだ。

母親：①そう、柔道部のほうがいいように思えるのね。

②誰か仲良しが、柔道部にいるわけ？

③男らしさって何かしらね。

これも①が良いでしょう。子供の発言には柔道部に仲良しがいるとは言っていませんし、

③は子供の「テニス部を辞めようか」という今の気持ちから「男らしさは何か」と、別の方向に向かってしまいそうです。母親が知りたい方向へ誘導しようとすると、子供は聞いてもらっていると実感できないのです。

子供：そう、テニス部なんかよりずっと面白そうだよ。テニス部は嫌だよ。
母親：①でも、テニス部へ入るときだって、面白そうだって言ってたじゃないの。
②またすぐ気が変わって、他の部に移りたいなんて言うんじゃないの。
③そう、テニス部はもう本当に辞めたいと思っているようね。

ちょっと子供の本音が出てきました。もうどれが適切か、分かりますね。③です。でも、普段、皆さんは①や②のように言っているのではないでしょうか。「落ち着きがない」とか「忍耐力がない」とか、一言、言ってしまいそうです。

子供：やめたい気分だよ。一年生は球拾いばっかりなんだ。まだ一度も打ったことがないんだよ。

母親：①一年生が球拾いをするのは当然じゃないの。

②球拾いばかりで、嫌になってしまったのね。

③球拾いくらいできないで、テニスができるわけないわよね。

②が子供に共感した聞き方です。

子供：そうなんだよ。球拾いにはもううんざりなんだ。それに上級生がものすごく威張ってるんだ。

母親：①運動部の上級生なんて、どこでも威張っているんじゃない。

②そういうことに耐えてこそ、上達すると思うけど。

③球拾いの上に、上級生に威張られて、嫌になってしまったわけね。

①②は母親の意見が述べられています。でも、子供はまだ母親に話を聞いてもらいたいのであって、母親の意見を聞きたいのではないのです。③が最も子供の気持ちを理解した積極的な聞き方です。

子供：そうだよ。しかも女子の上級生のほうが威張っていて、時々、ラケットで頭をぶつんだよ。
母親：①まあ、いやだ。女子のくせにひどいことするわね。
②女子の先輩もそんなことするの。新入生も大変なのね。
③誰がそんなことするの？　先生に言ってやめるように注意していただいたら。

これは②でしょう。「新入生も大変なのね」と、子供の気持ちを分かってくれています。③は言ってはいけない言葉です。子供は、先生に何とかしてほしいとは言っていません。

子供：そう。でも、どの人もそういうわけじゃないんだよ。とてもいい人もいるんだから。
母親：①とてもいい人もいるのね。
②そりゃ、そうでしょう。ラケットでぶつような人ばかりじゃたまらないわ。
③ああ、それを聞いて安心したわ。

子供がずいぶん変わってきました。積極的な聞き方で、親が自分の気持ちを分かってくれていると感じるので、子供は気持ちを変化させてきているのです。③が良いと思う方もいるでしょうが、ここでまだ安心してはいけません。子供が自分で解決の方向に向かい始めているのです。

子供：そうさ。だから一年生は先輩がちゃんと練習できるように、球拾いをして協力しているのさ。

母親：①先輩は立てなくちゃね。

②先輩の練習に協力しているわけね。

③あなたも二年生になれば、一年生に球拾いさせるわけでしょ、順番よ。

③のような言い方をすると、子供は「それは、そうだけど……」と言って、話をしなくなるでしょう。②の言い方をすると、子供は母親が共感してくれていると感じ、さらに前進していけるでしょう。

子供：そうだよ、球拾いする人がいなければ、上級生が困るだろ。みんなそうして上級生になっていくんだよ。

母親：①上級生も一年生の時は球拾いしたんだと気が付いたようね。
②球拾いだって大切な仕事よ、頑張らなくちゃ。
③いい上級生とだけ付き合えば、大丈夫なんじゃない。
①が良いでしょう。子供が大事なことに気が付いたことを親が共感して認めてあげています。②のように「頑張らなくちゃ」と言うと、背中をたたくことになります。子供がもう少し強く決意できたら、後押しとして言ってもよいでしょうが、この段階ではまだはっきりと決意していません。

子供：そうだよ。明日から一生懸命球拾いするんだ。時々なら打たせてくれるし、素振りの練習もつけてくれるんだよ。

母親：①そう、テニス部を続けるつもりになったようね。
②なんだ、球拾いばっかりじゃないじゃない。
③それじゃ辞めるなんて言わなければいいでしょ。心配しちゃったわ。
話が変わってきました。子供がテニス部を続ける決意をしました。この場合は①が良いで

しょう。これが積極的な聞き方です。③のように言うと、子供は相談しなくなってしまいます。

子供：うん。柔道部のことは、また高校に入った時にでも考えるよ。

母親：そう。じゃあ、頑張ってね。

この母親は、自分から解答を示してはいません。また、教えることもしていません。子供自身が、問題の解決方法を見つけ出しています。**子供には、いろいろな能力が備わっている**のです。もちろん、**問題を解決する能力もある**のです。それがうまく引き出せていないだけなのです。

親が解答を示し、指示して、「さあ、分かったでしょ。頑張りなさい」。それで問題が解決できたとしても、これでは、子供は何も成長できていないのです。

問題解決の解答を子供に見つけさせる、自分でその方法を実践する決意をさせる。そうすることによって、子供は成長していけるのです。子供の成長の可能性を信じて、忍耐強く待ち、引き出すことに努めましょう。

親の感想を紹介します。

親の感想：「子供の話を最後までしっかりと聞くことがなく、途中で遮ったり、きつい言葉で返したりしていたことをとても恥ずかしく思いました。子供の気持ちを分かってあげようとせず、自分勝手でした。心から愛情を持って接していくように努力します」

親の感想：「今までの自分を省みると、子供と向き合っていただろうかと反省させられます。授受作用をしていなかったこと、特に子供の話を聞いていなかったことに気が付きました。自分の意見を言うばかりでした。共感的な聞き方、積極的な聞き方を、努力して実践していきたいと思います」

私メッセージ

「統一原理」の創造原理で、すべてのものは授受作用によって生存し、繁殖、発展すると説かれています。それは家庭においても当てはまります。

家族が互いに授受作用することによって、力が湧き、喜びが増し、幸福になります。家庭において良い授受の関係ができることが大事です。

子供の気持ちを分かってあげたい、共感してあげたいという気持ちで、子供の話を聞くようにしましょう。親が子供の気持ちを共感できたとき、子供が「親は、私の気持ちを分かってくれている」と感じるのです。そして、親の愛情が子供に伝わるようになるのです。

親の愛情が子供に伝わるのが、「共感的聞き方」、「積極的聞き方」ですが、親の子供に対する授受作用のもう一つが、「話す」ということです。子供に愛情が伝わる話し方が「私メッセージ」です。

「私メッセージ」というのは、**自分の感情的な思いではなく、共感したいという思いで子供に対する気持ちを、「私」という言葉を主語にして表現する**ものです。

「私メッセージ」は、英語で私を「I」と言うことから、「Iメッセージ」とも言われます。それは気持ちや愛を伝えやすいことから、「愛メッセージ」とも呼ばれたりします。

「私メッセージ」に対して、「あなたメッセージ」というものがあります。これは、「あなた」

を主語にして言うメッセージです。「あなたは、こうしたでしょう」「あなたは、こうすべきでしょう」といった言い方です。この「あなたメッセージ」は、相手を非難したり、裁いたりする印象を与えがちです。言われたほうは、指摘されているようで、拒否感を感じるものです。

「私メッセージ」の特徴は、**相手（子供）の行動を善いとか悪いとか評価を下さずに、自分の気持ちを表現する**ことです。「私（お父さん、あるいはお母さん）は、こう思うよ」というように、**自分の気持ちを表現する**ことです。子供のどの「行動」が、「私」（親）にどのような「影響」を与え、「私」がどのような「感情」を抱いたのかを、しっかりと伝えるのです。

親の「私メッセージ」は子供の気持ちを「共感」した土台の上でします。「私メッセージ」は、親の思いを、愛情を持って子供に伝えることができます。子供も、親の思いを知り、理解していくことができるのです。

「共感的聞き方」や「積極的聞き方」ができるようになってこそ、「私メッセージ」を実践できるようになります。気持ちを共感できるような「聞き方」を何度も実践していく中で、「私メッセージ」で親の願いを子供に伝えることができるようになってきます。慣れるまでは、とても難しく感じるでしょうが、子供の気持ちを共感できるようになれば、自然にできるようになります。

子供の行動や発言が問題だと親が感じるようになったとき、親はどうするでしょうか。第一は、「子供の行動を変えようとする」、第二は、「環境を変えようとする」、第三は、「自分自身を変えようとする」、このような三つがあります。

例を考えてみましょう。子供が「テレビを見たり、ゲームをしたりして、なかなか勉強をしようとしない」とします。

第一は、子供の行動を変えようとする。すなわち、テレビを見たり、ゲームをしないように、注意したり怒ったりします。

第二は、環境を変えようとする。すなわち、テレビをなくす。ゲームを捨てる。(壊す人もいました)

第三は、自分自身を変えようとする。すなわち、自分の感情を抑えて、子供の気持ちを共感しようとします。

ここでまず、親と子供の位置を確認する必要があります。親子が心を一つにしようとすれば、親と子が縦の関係ではなく、横の関係にならなければなりません。親が権威をかざしたのでは、子供の心はますます離れていきます。

親は往々にして、子供に行動を変えることを願い、要求しがちです。しかし、まず子供の心を共感し、理解してあげたいと思えるようになることが必要なのです。

親が子供に「私メッセージ」を送ろうとするときは、どのようなときでしょうか。

第一に、子供の行動を親が心から受け止められない、それをなんとかしたいとき、第二に、親の気持ちを子供に理解させたいとき、第三に、親の感情表現に対して子供に耳を傾けさせたいとき、第四に、親の欲求に対して子供が思いやりを示せるようにしたいとき、などです。

では、どうしたら子供に「理解される」でしょうか。

次のようなことを実践しましょう。

①いつも自分に、次のような質問をしてみる。

「(今自分がしようとしている)この返答は、本当に子供に役立つだろうか?　それとも、ただ子供を正したいという、親としての自分の欲求を満たそうとしているだけなのだろうか?」

もし自分の中に怒りの感情があるならば、まだ返答すべきではないことを理解しましょう。心が落ち着くまで待ってみましょう。

②「まず理解する」を心がける。

子供が何を大事に思っているのかを知り、この返答が子供の目標達成にどのように貢献するかを考えてみましょう。いつも子供に「愛の言葉」で語りかけるようにしましょう。意外と親は、まず子供に自分を理解してほしいと願っているものです。まず、子供の気持ちを「分かってあげたい」と思えるようになることです。

③子供と、子供がしたこととを分けて考える。

子供を責めないで、自分の気持ちを伝えることです。また、子供にレッテルを貼って、先入観で見ないようにしましょう。

子供が取った行動の結果がどうなっているかを説明し、親がどう感じたかを伝えます。子供と子供の問題行動を一緒にしてしまうと、「おまえは駄目な人間だ」という間違ったメッセージが、親から子供に伝わってしまいます。そして、子供は「自分は駄目な人間だ」と思い込んで、自信をなくしてしまいます。

子供の問題点について話すときは、特に注意しましょう。

改善するつもりがない人間に問題点を指摘しても、意味がありません。脅かすだけで、逆効果になることが多いのです。反発してしまい、関係が悪くなってしまうことも考えられます。改善できそうもないことは、指摘しないほうがよいのです。そして、少し時を待ってあげるのです。

④「私は……」という言い方でメッセージを伝える。

自分の意見や感じたことを、「私は……」という言い方で伝えます。「あなた」で始まるメッセージは、子供の問題を指摘し、子供の行動を変えさせようとする表現となりますから、子供が親の愛情を感じることができないでしょう。ややもすると、子供を裁くことになってしまいます。

自分の**感情的な思いではなく、共感したい思いで、子供に対する自分の気持ちを「私」という言葉を主語にして表現する**のです。それが「私メッセージ」です。「私メッセージ」は、「私はこう思う」、「私はこう感じている」というように、自分の気持ちを表現するのです。

そうすると、子供が自発的に自分の行動を変えようという気持ちが生まれやすくなるのです。そのために、親は、子供にどの行動が親を困らせているのかを、子供が受け入れやすい形で伝えなければなりません。子供は、親がなぜ怒っているのかを理解していないことが意外と多いのです。

例えば、父親が運転して、家族でドライブをしているとき、子供が楽しくて騒いでいたら、父親が急に怒り出して、「うるさい、黙っていなさい」と思わず言ってしまうことがあります。しかし、子供からすれば、なぜ父親が怒っているのか、理解できないのです。「車の中で大きな声を出すと、気が散って安全運転ができないので静かにしてほしい」。このように言えば、子供も理解することができるのです。伝え方が大事なのです。

「行動」、「影響」、「感情」の三つを伝える

「私メッセージ」を、子供が受け入れやすように伝えるためには、三つの要素を入れる必要があります。

第一に、子供の**どんな行動が問題なのか**。つまり、どの「行動」が問題か。

第二に、その「行動」が私（親）に**どんな影響を与えているか。**

第三に、その「影響」について、**私（親）がどう感じているのか。**私の感情を正直に伝えること。

つまり、「行動」、「影響」、「感情」の三つです。いつもこの三点を相手に伝えていくようにするのです。

では、いくつか「私メッセージ」の例を紹介しましょう。

例1：「友人と話をしている時に、あなたたちが近くでおしゃべりしている（行動）と、お母さんはイライラする（感情）の。だって、友人の言っていることが聞き取れないんですもの（影響）」

例2：「階段におもちゃを置く（行動）と、誰かがつまずいて転ぶのではないかと心配よ（感情）。そして、階段の上り下りが難しくなる（影響）でしょ」

例3：「この部屋の中であなたたちが大きな声を出している（行動）と、気が散って勉強に集中できないし、なかなか理解が進まない（影響）ので、レポートが間に合うか不安でたまらない（感情）んだ」

このように子供に「私メッセージ」で伝えたほうが、子供の抵抗や反抗を招くことが少ないのです。「あなたがこの行動をしたから、あなたが悪いのだ」と言うよりも、「あなたのこの行動が、私にこのように影響を与え、私はこのように感じた」と話したほうが、子供には受け入れやすいのです。

では、「私メッセージ」と「あなたメッセージ」を比較してみましょう。

子供が親の背中を蹴ったとしましょう。その時、親が子供に対して起こす反応は、大きく違うのです。

「私メッセージ」では、「痛ーい。ああ、痛かった。背中を蹴られるのは嫌だなあ」となります。

「あなたメッセージ」では、「悪い子ね。そんな風に人の背中を蹴ったら駄目じゃないの」となります。

「私メッセージ」では、単に子供が蹴ると私がどう感じるかを述べているだけです。これに対して、「あなたメッセージ」では、子供は「悪い子」だというメッセージが伝わってしまいます。

親の感想を紹介します。

親の感想：「み言《ことば》を知っていながら、どうして良い家庭をつくれないのか、やっと分かりました。言葉尻をとらえて反論したりしていたし、家族の気持ちを酌むことができていなかったのです。何より、『あなたメッセージ』ばかりでした。次に何を話そうか、答えを用意したりしないで、共感的に、そして積極的に聞くことに意識を集中し、冷静になって『私メッセージ』で話したいです。少しずつ練習して、良い習慣にしていきます。心のゆとりも要りますね」

「私メッセージ」を用いる効果には、次のようなものがあります。

①「私メッセージ」に対して子供が口答えするのは難しい。

②子供の反発を招くことが少ない。

③親が真実な気持ちを話すので説得力がある。
④子供が親の願いに沿って行動を変えるようになる。
⑤子供の気持ちを協力的にさせる。
⑥子供が親の愛情を感じることができる。

大切なのは、子供を理解したいという気持ちです。本当に子供の気持ちを理解したいと思って接していれば、言葉は自然に出てくるものです。何度も挑戦して、家庭が幸福を勝ち取るまでチャレンジしていきましょう。

第四章　愛情を伝える

誰もが家族で楽しい団欒《だんらん》の場を持ちたいと思うでしょう。しかし、なかなか思うようにいかず、どうしたらよいのか悩んだり、なかにはあきらめてしまっている人もいるのではないでしょうか。

家族の団欒の場を持つためには、家族の人間関係の中に信頼関係が保たれている必要があります。信頼関係は、あるようで、ない場合が多いのです。家族の中に信頼関係を築くためには、「自分から変わる」ということが絶対に必要です。

「信頼口座」への預け入れ

信頼関係を築く行為を、銀行にお金を預け入れる行為に例えることができます。お金の代わりに信頼を、銀行の代わりに家族の一人ひとりの心に預け入れると考えてみるのです。

「預け入れ」というのは、信頼を得るような行為のことを言います。一方、「引き出し」というのは、信頼を低める行為のことを言います。感情的になって、相手の反発を招くような行為です。

家族との間に、高い「信頼残高」が多く保たれていれば、互いの授受作用は良好なものになり、ちょっとした間違いを犯したとしても、それまでの信頼残高がそれを補ってくれるのです。

文鮮明《ムンソンミョン》先生は、次のように語っておられます。

「『ために生きよう！』。負債を負わせようということです。文総裁が今日までこの統一教会を導きながら、それを考えてきました。最も恐ろしいことが負債を負うことです。精誠を尽くした人がもってきた物は、この宇宙にそれ以上の精誠を尽くさずに受ければ、それは毒薬よりもっと恐ろしいのです」（『後天時代の生活信仰』１２３ページ）

「負債」を負うことは、「信頼口座」から信頼を「引き出す」ことになります。

「信頼口座への預け入れ」の具体的な実践について、スティーブン・コヴィー氏が『ファミリー　七つの習慣・家族実践編』の中で紹介している項目に沿って紹介します。もちろん、これ以外のものもありますから、各家庭で発見していろいろと試してみてください。

①親切にする

第一は、親切にすることです。

絶えず気を配りながら小さな親切を続けましょう。それは、決して小さなことではありません。

まず、「言葉」で親切にすることを考えてみましょう。

「ありがとう」、**「すみません」**、**「何かできることはある？」**、**「喜んで」**などの言葉を、**親が子供に対して素直に言える**ならば、家庭の雰囲気も明るくなり、子供たちも素直に思いやり考えを言えるようになることでしょう。まず、親のほうから「何かできることはある？」と聞いてみましょう。

子供が、「肩が凝っているんだけど、もんでくれない？」とでも言ってきたら、「喜んで」

と言って、子供の肩をもんであげてください。その時が、子供と会話するチャンスです。そして、親のほうからも「今度は、私の肩もお願い」と言えば、会話が広がっていきます。

親から子供に**「大好きだよ」「愛しているよ」**と伝えてあげましょう。

子供に「大好きだよ」となかなか言えない、ある父親がいました。そういう思いはあっても、子供に言うのが恥ずかしいのです。それでチャンスをうかがっていたのですが、電話で話している時に、やっと息子に「大好きだよ」と言えたというのです。そうしたら、息子が電話の向こうで黙ってしまったそうです。そして、泣いていたというのです。子供に、親の愛情が伝わったのです。親も感動してしまったそうです。

また、「大好きだよ」、「愛しているよ」、「宝物だよ」といった言葉は、大きな声ではなく、子供の**耳元で、小さな声でささやく**のが良いのです。そのほうがより親密に感じるのです。

次に、「行動」で親切にすることを考えてみましょう。

「皿洗いを一緒にする」、**「買い物に行く」**、**「メッセージメモを弁当箱に入れる」**、**「電話で気持ちを伝える」**、**「感謝の気持ちを伝える」**、**「抱擁する」**などがあります。

子供にとって、親と一緒に何かをすることはうれしいものです。子供に、「皿洗いしなさい」

と言うのではなく、「一緒に皿を洗おうか」と言ってみてください。

また、子供の誕生日の前後、一週間くらい、子供の誕生日に関係するメールを送ってあげてください。「お父さんは、おまえの応援団長だよ」とか、誕生日の前日には、「あしたはいよいよ、お母さんも初めて二十歳の娘を持つのね。わくわくするわ」などといったメールを送ってあげるのです。

これは時間があるからできるというものではありません。親の心に子供を大事にするという気持ちがしっかりあってこそできるのです。家族を思う気持ちをいつも心に植えて生活していきましょう。

また、面と向かって子供に話すのは照れくさいところがあります。電話で直接話すのも恥ずかしいという人には、メールは有効な手立てです。大切な人からのメールを大事に保存しておく人も多いのです。

心から謝る

②謝る

第二は、謝ることです。**「ごめんなさい」**と言えるかどうかは、家族に対しての主体性のバロメーターとも言えます。自分のイメージを気にしたり、親としての立場にこだわってしまったり、他人の評価が気になったりして、子供に「謝る」ことをしない親がいます。でも、「謝る」ことが自分のダメージになるでしょうか。そんなことはありません。かえって家族に対して積極的に責任を持つことなのです。謝ることをしない親に、子供は幻滅してしまうものなのです。

これも面と向かってすることが難しいときには、メールでもよいのです。謝らなければいけないと思ったら、**時間を置かずに、できるだけ早く謝る**のです。

親が子供に謝ることで、子供は親を許し、愛するチャンスを得ることになります。そして、何でも話し合える親子関係をスタートできるのです。

「早く謝る」ことが大切です。**「あなたが謝ったら、私も謝る」、これが一番良くない**ことです。

親子関係がとても難しいお母さんと、二十六歳の娘さんが一緒に修練会に参加したことがありました。その修練会は、親子関係を取り戻すための修練会でした。

その修練会で私は進行係だったのですが、娘さんが、「お母さんは一度も私に謝ったことがない。お母さんに謝ってもらいたい」と言うのです。それで、そのことをお母さんに伝えたのです。すると、お母さんは、「何度も謝ったわよ。娘だって問題があるのに、どうして私だけ謝らないといけないのですか」と言うのです。

そして、「私は教会のこともしているし、母親もしているし、妻もしている。ボランティアもしているし、バイトもしなけりゃいけない。もう、いっぱいやっているのに、どうして私だけ悪者にならないといけないの」。

この母親は多分、娘さんに謝ったのでしょう。でも、それは言葉だけで、心からのものではないので、子供の心には届いていないのです。

三時間ほど話をして、ようやくもう一度、謝ることに同意してくれたのです。ところが、「何を謝ったらいいのでしょう?」と私に聞いてくるのです。娘さんの気持ちが分からなくなってしまっていたのです。「それでは、何を謝っていいのかも分からなくなってしまった、何も分からなってしまったことを、素直に謝りましょう」と言ったのです。

その母親は、実際に娘さんに謝るまで、さらに二時間もかかりました。でも、母親が子供の心が分からなくなっていたことを素直に謝ることによって、この親子は新しい出発ができたのです。

③悪口を言わない

第三は、陰で人の悪口を言わないことです。その場にいない人のうわさ話や悪口を言う、人にはそういう堕落性があるものです。その人がいなければ言わないのに、いなくなれば言うのです。そのような行為は、人の信頼を損ねるものです。

誰に対しても誠実であることです。その場にいない人に対しても同じです。

親が人の陰口を言っているのを子供が聞いたら、どう感じるでしょうか。親に対して信頼できなくなり、尊敬することができなくなるでしょう。親が人のことを悪く言うのを聞いたら、自分のいないところで、自分のことを悪く言っているに違いないと考えるものです。

「私の親は、陰で人の悪口を絶対に言わない」というのは、非常に高い信頼を子供の心に預け入れることができるのです。

④約束して守る

第四は、約束し、それを守ることです。誕生日会をすることを約束する、話し合いの場を持つことを約束するなど、子供といろいろなことを約束することでしょう。その約束をしっかりと守ることです。

大抵、親子の約束を破るのは、親のほうではないでしょうか。何かの用事ができたとか、仕事でどうしても約束を守れなくなることはあるものです。

そういうときは、子供の目を見て、「ごめんね。約束したのに、用事が終わらなくてね。必ず、きょうの夜には時間を取るからね」と謝って、自分の気持ちを伝えてください。親が必ず約束を守り、自分のために時間を取ってくれるという信頼感は、とても重要です。そういう信頼感があると、子供は親の話を聞く余裕が出てくるのです。

謝ることを求めず許す

⑤許す

第五は、許すことです。これも大きな愛のポイントとなります。人を「許す」ことができるまでは、いつまでも心にしこりがあります。怒りや恨みがあるので、心が痛み、傷となっているのです。人に謝ることを要求している間は、ある意味、被害者であり続けるのです。ですから、被害者であり続けるかどうかは、自分自身が決めるのです。被害者である限り、心は成長することができません。

親子の関係の中で、謝ること、許すことができるようにしてください。

ある父親の話です。

「信頼口座という考え方を知り、深く考えてみました。『私の存在は家族の一人ひとりを幸せにしているのだろうか』。心の中に浮かんできた答えはノーでした。私の存在は、娘を不幸にしているからです。それに気付いたとき、心が引き裂かれる思いでした。ショックからある程度立ち直ってから、この悲しい事実を変えるには、まず私自身が自分のあり方、心の持ち方を変えなければ駄目だと気付きました。

娘に対して今までとは違う行動を取り、彼女を本当に愛そう、と決心しなければなりませんでした。娘を批判することも、お互いに係っている問題の原因を彼女のせいにすることもやめなければなりません。そして、娘とけんかして、彼女に勝とうとすることもやめなければなりませんでした。

早速、自分の決意を行動に移すことにしました。一カ月の間、信頼口座に毎日五つの『預け入れ』をすることに決めたのです。

その日の午後、娘が学校から帰って来た時、温かい笑顔で迎え、『学校はどうだった？』と聞いてみました。『あんたには関係ないでしょ』という冷たい返事が返ってきました。私はぐっと我慢し、その言葉を聞かなかったふりをしました。そしてニコニコして『いや、元気かなと思ったんでね』と言いました。

それから数日、預け入れを続けるように努力しました。そして娘のトゲのある言葉も聞こえないふりをし続けました。今までやり返すのが癖になっていたので、それはかなり難しいことでした。そういう言葉を聞くたびに、今までどれほど悲惨な状態にあったのかを思い知らされました。そして、今まで自分のことを棚に上げ、一方的に娘に変わることを要求してきたことも分かりました。

そのようにして、娘を変えようとするのではなく、自分の気持ちや行動を変えることで、まったく違う目で娘を見ることができるようになったのです。彼女が愛情を必要としているということも分かってきました。私を無視するような彼女の態度を受け流すたびに、怒りを感じるのではなく、愛情を持ってそれに対応する力が湧き上がってきたのです。……」

これまでに挙げた五つのことを参考に、家族の一人ひとりの心に信頼を預け入れていく生活に挑戦してみましょう。そうすることによって、「自分が変わる」のです。そうすれば、何でも話し合える家族関係を築く土台ができていくのです。

子供の心に信頼を預け入れる具体的な方法を決め、それを実際に実践できているか、チェックするのは、有効な方法です。

あなただけの時間を持つ

子供たちに絶対に必要なものは、親の個人的な関心です。子供が何人いたとしても、親は**一人ひとりに対して、個人的な関心を持つことが大切**です。子供は、一人ひとり特別な存在なのです。子供たちを十把《じっぱ》一絡《ひとから》げで見つめていては、親の愛情が子供に届かないことが多いのです。

子供は一人ひとりが真実な存在です。ありのままを、真実な姿として受け入れましょう。そして、一人ひとりの子供の個性を愛していくようにしましょう。行動がおっとりとしている性格、どんなこともてきぱきとこなしていく性格、静かな性格、話好きな性格など、個性豊かな子供たちです。

問題は、大抵の子供たちが、自分は親から特別な存在と思われていないと感じていることにあるのです。親の愛情が子供に届いていないのです。親は子供を愛しているのですが、その愛情が子供に届いていることを確認していないことが多いのです。子供が親の愛情を感じていてこそ、親の愛情が子供に届いていることになります。

子供たちに個人的に関心を持つことは、子供に愛を与えることです。時間がたつにつれて、信じ合える関係をつくるための投資になるのです。

一人ひとりに関心を持つことの大切さを示す例を紹介します。文亨進《ムンヒョンジン》様が著書『天和堂』（光言社）で勧めておられるものです。以下は、その抜粋です。

「私たち夫婦が子供たちと一緒に分かち合っている家族の伝統の一つは、それぞれの子供たちと別個にデートをすることです。例えば、最初の土曜日は、長男と一緒に昼食デート、二週目の土曜日は、二番目の息子とのデートなどです。デートをする日は、私たちがその前に一緒に計画しておいたことを行います。例えば、長男とのデートの日には、ファミレスに行き、彼が一番好きなポテトを食べ、二番目の息子の場合には、スーパーマーケットに行って、やはりその息子が一番好きな三色のあめの棒を買ってバーガーキングに行きました。

私たち夫婦は、土曜日を『それぞれの子供たちと一緒に過ごすデートの時間』としてあらかじめ空けておきます。カレンダーを見せてあげ、どの日が誰とのデートの日なのかを知らせてあげ、それぞれのデートの主人公たちと一緒に、その日に何をするか計画を立てます。……デート時間内の意思決定もまた子供たちの役割です」

自分が愛されていることが分かっていれば、他の兄弟が親から愛されることを受け入れることができます。兄弟げんかが絶えないのは、子供一人ひとりと親との特別な愛情が結ばれていないからなのです。子供たちと一対一の時間をしっかりと持つようにすると、兄弟げんかは次第に収まっていくようになります。

ある家庭が文亭進様のメッセージを参考に実践したそうです。子供一人ひとりを愛する日をカレンダーに印をつけて、一カ月の間、愛の実践をしてみました。すると子供たちが、お母さんが家族から愛される日が決まっていないことに気が付き、その日を決めようということになりました。さらに、お父さんが家族から愛される日を決めることになったそうです。

自分が家族から愛される日が明確になっていると、子供たちにも人を受け入れる心の余裕ができるのです。

第五章　子供を愛する

「統一原理」の創造原理では、すべてのものは「個性真理体」として創造されていると説いています。これは、「個性」と「真理体」の二つの言葉から成っています。

神様と人間は親子です。親なる神様は、子供である人間一人ひとりに、世界でたった一つの特別な個性を与えてくださっています。「個性」というのは、他のどこにもない「独特性」のことです。神様は、その個性を愛してくださっています。

一方で、誰もが普遍的に共通するものを持っています。人間の顔には誰にも、目があり、口があり、鼻があります。すなわち、普遍的な真理を現しているので、「真理体」であるというわけです。しかし、すべて全く同じというのではなく、目や口や鼻の大きさや形や太さなど、同じ人はいません。それが「個性」ということになります。

自尊感情を持つ子供

人間は、一人ひとりが、「個性真理体」として、神様が愛で育んでくださった貴い大切な神様の子女です。

子供が、自らが「個性真理体」であることを確認できるためには、家庭の中でどのようでなければならないでしょうか。

第一に、**「自分はここにいるべき存在だ」**と感じることが大切です。

第二に、**「家族は、自分の存在を喜んでくれている」**と感じることです。

第三に、**「自分の存在が家族に幸福をもたらしている」**と確信することです。

第四に、**「自分が好きだ」**という感覚を持つことです。

第五に、**「自分を愛してくれる人がいる」**という実感が持てることです。

しかし、現実はさまざまな事情の中で親子の絆が薄くなり、自身の存在価値を見いだせない子供が多くなっています。

肯定的な言葉や思いをたくさん心に書き込まれた子供は、自分に対して肯定的なイメージを持つことができます。そして自分が好きになり、自分に対して誇りを持つことができます。これは「自尊感情」とも言われます。これは家庭で、特に親から与えられるものなのです。

ところが実際には、子供に対して否定的な言葉をかけている親が多いのではないでしょうか。掃除をしないから駄目、食べるのが遅いから駄目、勉強をしないから駄目、テレビばかり見ているから駄目……。一日に何回も、何十回も駄目という言葉をかけているのではないでしょうか。これでは「自尊感情」ではなく、「自己嫌悪」の感情を子供の心に植え付けてしまいます。

子供たちの口から「めんどうくさい」とか、「疲れる」とか、「忘れた」といった言葉が多く聞かれます。また、「自分が好きになれない」という言葉も多く聞かれます。

このような言葉は、愛の減少感を感じた結果としての表現なのです。つまり、子供たちが、自分が家庭の中で「個性真理体」として、貴い存在として認められていないと感じているのです。このような言葉を発することで、子供たちは親にメッセージを送っているのです。

一つの例を紹介します。

二十六歳の独身女性に一対一で四日間、原理講義をしたことがあります。講義をしながらいろいろと話をしましたが、その女性が「めんどうくさい」とか、「忘れた」、「疲れる」という言葉を多く発するのです。どんなに話しても、なかなか気持ちが前向きになりませんでした。

三日目に、山にでも登ったらいいのではと提案してみましたが、「疲れるから」とか、「めんどうくさい」と言って受け付けてくれませんでした。

しかし本人は、仕事では残業をしても気にならないというのです。どうしてなのかと聞いてみると、お金になるからとのことでした。価値観が、心を中心にしたものから、お金を中心にしたものになっているのではないかと心配になりました。

四日目に、家庭のことをもう少し詳しく聞いてみました。最初は、「忘れた」と言っていましたが、粘り強く聞いていくと、実は母親がいつも妹と比較して、「どうしておまえはそんなに暗いのか」とか、「することが遅い」と言っていたというのです。少女時代に、家庭の中に「個性真理体」として受け止めてくれる環境がなかったのです。そして愛の減少感に敗北し、いちいち反応することが億劫《おっくう》になり、「めんどうくさい」とか「疲れた」、「忘れた」などと言っていたのです。

子供の心はとても繊細です。親は、子供が「個性真理体」としての自覚ができるように、環境を整えてあげましょう。

では、どうしたら愛が子供に届くのでしょうか。

第一に、**親があるがままの子供を受け止めて、愛してあげる**ことが大切です。親が、自分の理想に沿って子供を助け過ぎると、親が子供に望むものを教えるだけになってしまいます。それでは、親にとって「いい子」になってしまうのです。

第二に、**子供に「自分の願いに応え、欲求を満たしてくれる人がいる」と感じられるようにする**ことです。この安心感が、子供の人生の支えになります。子供が小さい頃は、よく抱いてあげ、肌を触れ合うこと（スキンシップ）、目を見て笑顔で優しく話しかけること、よく一緒に遊んであげること、無条件にかわいがることが必要です。

第三に、**肯定的な言葉をたくさんかける**ことです。肯定的な言葉をたくさん心に刻まれた子供は、自分に対して肯定的なイメージを持つことができます。そして、自分を好きになることができるのです。

第四に、親が**子供の甘えを受け入れる**ことです。子供は大きくなるに従って、いろいろな問題を抱えるようになります。友達からいじめられたとか、先生から叱られたとか、集団生活の難しさを感じたりします。

家に帰ると、子供は、「あのね……」と、抱えている問題を親に話そうとします。それは、子供の親に対する「甘え」です。安心感を得たいから、心の痛みを癒やそうとして話そうとするわけです。親がその「甘え」を受け入れることによって、子供の欲求に応えてあげると、心の支えができるようになります。それが、子供の自立への準備となります。「甘え」を受け入れることも大切なのです。

甘えを受け入れることと、甘やかすこととは違います。甘えを受け入れるというのは、子供の要求に応えて、親が必要な精神的サポートをすることであり、甘やかしは、親が必要以上に子供の世話を焼くことです。

例を一つ紹介します。福岡に住む男性が私に語ってくれたものです。

「お盆に親戚と家族が集まりました。しかし、高校二年生の甥はなぜか一人だけ別の部屋で携帯電話を離さず、私たち家族と話をせずに、一人ぽつんと座っていました。彼は髪を赤っぽい色に染め、口と耳にピアスをしていました。高校生でありながらタバコを吸い、親の言うことも聞かず、小さい頃の無邪気な純粋な面影はありませんでした。

彼のそばに座っていると、彼は英語がとても好きで、もっと上達したいと言ってきました。私が英語が好きになったきっかけや上達の秘訣《ひけつ》などを話してあげると、彼はとても興味を示してきました。そしてお互いに英語で話し合い、彼の英語の発音の良いことを認めてあげました。

さらに交流が深まっていくと、彼の今の生活、これからの生き方などにも話が及びました。そして私はタバコをやめること、結婚するまでは男女関係を持たないことなどまで話しました。驚いたことに、彼は素直に話を聞き、今の生活を正しい方向に変えていくように努力することを約束しました。

そして家族のいる部屋に一緒に行き、談話に加わりました。彼が実は私を尊敬しており、私のように英語を話せるようになりたいと思っていたことを皆の前で話したときは、本当に驚きました。そして早速その日、彼はピアスを全部外して捨て、髪を元どおり黒く染めたのです。あまりの彼の変化と、私が彼に与えた影響に、家族は驚きました。

彼とはその後、名古屋に帰ったあとも、私と英語でメールをやり取りしています。

また、息子の教育に手を焼いていた妹（彼の母）は、聞くことの重要性を理解してくれました。彼は長い髪の毛を短く切り、その写真を送ってきました。

妹は、『私は、自分の観点で息子を裁くような目で見ていましたが、実は息子がこんなに純粋であること、そして変わりたいと願っていることを知り、決して表面的に判断してはいけないことを教えられました。少しの時間話を聞いてあげるだけでも、こんなに変わるのかと驚きました』と話してくれました」

責任感を持つ子供

「責任」を学んだ子供

- 自分次第で結果が変えられることを知る
- 忍耐力、問題解決能力が育つ
- 現実を見る勇気を持つ
- 成長しようという意欲を持つ

子供には責任を持つことを教えたいものです。責任感は、日常生活の中で起きることに対して、子供自身が積極的に対応していくことを通して育っていきます。

子供がすべきことは子供にさせることです。そして、**自分がした行為の結果に対して、子供自身が責任を取る**という体験をすることが重要です。

責任を取ることを学んだ子供は、自分次第で結果が変えられることを知るようになります。また、忍耐力や問題解決能力が育っていきます。現実から目をそらさず、しっかりと現実を見る勇気が育つようになるのです。そうして、もっと成長しようという意欲が生まれてくるのです。

親が子供のすべきことを手伝い過ぎると、結果として、子供が責任を取ることを体験できなくなってしまいます。体験するチャンスを親が奪ってしまうのです。下手をすると、子供が親の被害者ということになってしまいます。

そうなれば、子供は、自分で責任を取ろうとせず、「人のせいにする」ようになるでしょう。子供が自身の責任を果たせなかったのに、親を責めてしまうのです。

また、子供は、自分の責任を果たしていないので、責任能力を使っていないことになります。そして、自分の人生を自身で変える力がないと感じてしまいます。自分の人生を変えることに臆病になり、自信が持てなくなっていくのです。

子供は自分の責任を果たすことにより、問題処理能力を身につけていくことができるのです。また、具体的に結果を生み出すことに対して自信が持てるようになります。


では、どのようにすれば子供に責任を果たす心が育つのでしょうか。

「朝、一人で起きる」ことを例にして考えてみましょう。

①子供と話し合う。

親：「朝、起こさないことに決めたよ。あなたの自立のためにね」
子供：「突然、困るよ。起こしてよ」

親：「そうだよね。困るよね。でも、起こさないことに決めたんだ」
②親としてどのようなサポートができるかを話し合う。
③子供を起こさない。
④子供が起きることができたら、子供が一人でできたことを認めてあげる。
⑤なかなか起きられなければ、どのようなサポートができるかを再び話し合う。

これを根気よく続けていきます。あきらめることなく継続していきましょう。「統一原理」で学んでいる「責任分担」を生活化できるようになることは、子供が成長していく上で非常に重要なことなのです。

やる気を引き出す

親は、子供のやる気を引き出したいと願っています。ところが、どのように接したらよいのか分からず、悩んでしまうことがあります。

子供を「褒める」ことを通して、時には「叱ること」を通して、あるいは「物やお金をあげる」ことで、やる気を引き出そうとしたりします。この三つは、どれも子供に対する外からの働きかけで子供のやる気を引き出そうとするものです。

それなりの効果はあると思いますが、本当のやる気というのは、子供自身の中から湧いてくるものです。そのようなやる気であれば、環境がどうであれ、継続していくことでしょう。

では、どうしたら子供の本当のやる気を引き出すことができるのでしょうか。

褒めて育てる

一つの例を通して、「褒めて育てる」ことを考えてみたいと思います。

「A君は、とてもいい子で、よくゴミを拾ってくれたり、先生の手伝いをしてくれます。しかし、やり方が気になるのです。先生が見ていることを確認してからゴミを拾い、先生の視線を意識しながらゴミ箱に捨てます。そして、先生のところに来て、『ねえ先生、ぼく、えらい？』と聞きます。かなり頻繁に聞くのです」

このA君は何かをして、褒められたときに、愛されたと感じているのです。ですから、褒められなければ、奉仕の実践ができないようになってしまっています。

褒めることを行動を起こす動機づけにすると、子供は、褒めてもらうために行動を起こすようになってしまう可能性があります。褒めてくれる人がいないと、やる気が起こらない、褒めてもらわないと前進できなくなってしまうのです。つまり、他の人によって自分の価値を決める、自信のない人間になってしまいます。

叱って育てる

親に叱られたり、脅されたりした子供は、おびえ、その不安を解消するために親の言うとおりに行動します。しかし、叱るのは、躾《しつけ》ではありません。脅しという罰を使った支配になってしまいます。それは、害こそあれ、何も良いことはありません。

親が子供を叱る理由を考えてみましょう。親の思いどおりにならないので、腹を立てて叱っていることがあります。そうすると、子供は、「怒られない」ために行動するようになります。しかも、親に反発し、腹を立てながら行動しているのです。それは結局、子供に人を憎むことを教えていることになってしまいます。

自分が何に腹を立てているかを見つめてみましょう。心の中に、子供に対して「〜すべきだ」という考え方がないか、問いかけてみてください。

「〜べきだ」という思いから腹を立てているのではないでしょうか。心の中の「〜べき」が、本当に正しいかどうか判断して、それが理にかなっているならば、それを子供に教えてあげましょう。しかし、理にかなっていなければ、子供に押し付けないようにしなければなりません。

「人のために生きる」喜び

「人のために生きる」喜びを体験させる

子供が「人のために生きる」喜びを体験することができれば、親が「人のために生きなさい」と言って聞かせる必要がありません。子供は自分の心の中から湧き出る自発的な行為として、「人のために生きる」ようになります。子供は自然に人に親切にするようになります。

もちろん家庭の中で、両親や兄弟など家族に喜んで奉仕するようになるでしょう。

親が「家族のために」と思うのはどんなときでしょうか。子供のかわいい寝顔を見たときなどに、「この子のために」と思うのではないでしょうか。親は、言われて子供のために生きようとするのではありません。自発的に、してあげたくて、「子供のために」生きようとするのです。

そもそも、人間は、心の中では「人のために生きたい」と願っているのです。神様が、人間や自然界を、「お互いにために生き合う」ように造られているのです。自然界は、自覚せずにお互いのために生き合っています。神様から与えられた生を精いっぱい生きることが、ために生きることになっているのでしょう。

では、どのようにしたら、「人のために生きる」ことを子供に教えることができるでしょうか。

第一に、**子供に、親の役に立ってもらうことから**始めましょう。そして、子供が親のために生きてくれたら、親は感謝して、喜んであげるのです。「ありがとう」とか、「助かったよ」とか、「ああ、うれしかった」などと、**感謝の気持ちを素直に子供の前で表現する**のです。そうすれば、子供は「ために生きる」行動が親に良い影響を与えていることを、自覚することができるようになります。

ですから、子供の「ために生きる」行為に対して、親の気持ちをいかにして愛情豊かに子供に伝えることができるのか、が大切です。**親が感謝の気持ちを表現することによって、子供の心の中に「人のために生きる喜び」の種を植えることができる**のです。

例えば、子供が新聞を取ってきてくれた時に、「ありがとう。お父さんね、起きてすぐに新聞が読めるからうれしいよ」と自分の気持ちを素直に子供に伝えます。また、お母さんが食事の準備をしている時に、子供が茶碗を並べてくれたら、「お母さん、この時間とても忙しくてね、あなたがいてくれるから助かるわ」と**感謝の気持ちを言葉にして伝える**のです。そうすると、子供に「人のために生きる」喜びを感じさせてあげることができるのです。

このように、親が子供の行動に対して、どれほど喜んでいるか、感謝しているかを素直に伝えることによって、親の手伝いなど、自分がしたことが、親に肯定的な影響を与えていることを子供ははっきりと知るようになります。そうして、子供は「人のために生きる」ことの喜びを感じ、自発的、主体的に「人のために生きる」ことを実践し始めるのです。

第二に、**親と子供が、それぞれの心を共感した時に、子供は「人のために生きる」喜びを**

感じていきます。

子供が親に共鳴し共感して、自らために生きたくなるのは、親の素直な気持ちを聞かされたときなのです。親の気持ちを言葉で表し、それを子供と分かち合うとき、子供はそれに共鳴し共感するのです。

ある母親の話を紹介します。

「家では、まったく親の手伝いをしない子だったのに、学校の先生から、『お宅のお子さんは率先していろいろと手伝ってくれる生徒ですね』と、褒められたのです。その原因は学校の先生だったのです。先生は、子供たち一人ひとりに感謝して、喜びを伝える人だったのです。先生が、子供たちの気持ちを共感してくれることによって、子供は自発的に『人のために生きる』喜びを感じて、行動を始めていったのです。それで、家庭でも先生と同じことを始めたのです」

「手伝ってくれて、本当にありがとう。あなたが手伝ってくれるおかげで、お母さんはとても助かっているよ」と、親の気持ちを素直に表現することによって、子供に「人のために生きる」喜びを感じさせてあげることができるのです。**「感謝」や「共感」の中でだけ、子供に大切なことを伝えることができる**のです。

第六章

価値観を伝える

家族の目的を持つ

「人生」や「家庭」は、飛行機での旅に例えることができます。飛行機は、風や雨や、時には乱気流などに遭っても、明確な目的地があってそこに向かっているので、飛行航路を軌道修正しながら目的地まで飛ぶことができます。飛行機に乗って上空まで行ってから多数決で目的地を決めるのではありません。飛行機に乗る時には、目的地に向かう飛行機を選んで乗るのです。

それと同じように、私たちの家庭も、目指すべき目的地をはっきりさせることで、さまざまな試練や壁を乗り越えていけるようになるのです。

家族の共通の目的を持つことは大切なことです。自分の家庭はどのような家庭を目指すのか、家族の目的を話し合ってみましょう。

「どんな家族になりたいか」
「どんな家に友達を連れてきたいと思うか」
「家族のことで恥ずかしいと思うことはどんなことか」
「両親を身近に感じるのはどんなときか」

こんなテーマで、家族で話し合ってみてください。親が思ってもいないことを子供が言うこともあるでしょう。でも、それをしっかりと受け止めて、授受作用を深めていってください。家族が心の深いところで絆を結ぶことができるようになり、強い心情に包まれた家族となることができるでしょう。

そして、**話し合って決めた目標を書き留め、家庭の中のよく目立つ所に貼っておき、いつも互いに確認できるようにしておく**とよいでしょう。

家族みんなが目的を共有することによって、家族間で話し合うことができるようになってきます。それができるようになれば、さまざまな授受作用ができるようになり、絆も深まってくることでしょう。

私たちが目指しているのは、真の愛があふれている家庭、美しい心情文化の家庭です。その文化は、人の心が育ち、互いに思いやることができるものです。

家族の交流

朝晩は必ず家族で一緒に食事をしたい。そして、家族団欒《だんらん》の場を持ち、楽しみたい。誰もがこのように願っていることでしょう。

そのためには、これまで述べてきたように、常に家族の中で「信頼口座への預け入れ」や、子供との「一対一の時間」、「家族団欒の場」などを積み重ねていく必要があります。忙しい生活の中では簡単なことではありませんが、家族でこのようなことを積み重ねながら、家族の絆を深めていきたいものです。

①家族との食事の時間を大切に

家族全員で食事をしましょう。食事の準備や後片付けなども一緒にするようにしましょう。

週に一度でも実行するようにしていくのです。家族で一緒に食事をすることは大変重要なことです。家族団欒の場ですので、楽しい話をするように心がけたいものです。

時々、友人や親戚などゲストを招いて食事をするようにしたらよいでしょう。ゲストが加わることにより、新しい話題に目を向けることができるようになるでしょう。

家庭に友人や親族を迎え、ゲストに楽しんでもらえるような家庭づくりは、家族が一緒に食事をすることから始まるのではないでしょうか。

②家族で楽しむ

家族が一つになっていくためには、何かを楽しむこと、リラックスすることが大切です。一年に一回か二回、家族でのイベントを計画し、その時間が家族にとって良い思い出になるようにしましょう。

ハイキングや野外炊飯、ジョギングなどを家族で一緒に体験してみましょう。親子の心が自然に近づいていくようになります。

親子で一緒に遊んでみましょう。映画に行くのもよいでしょう。帰りには、感想を述べ合ったりすることもできます。映画の感想を話し合うことで、家族の考え方を理解することができます。親子で交換日記などをするのもよいでしょう。

③ユーモア

家庭の中にユーモアがありますか。ユーモアは家族の絆を結ぶのにとても有効です。大抵の家庭では父親がいわゆる「親父ギャグ」を連発しているのではないでしょうか。家族からは「全然面白くないよ」と不評を買いますが、それでもいいのです。笑えない親父ギャグでも、家庭が和やかになります。

④誕生日を祝う

誕生日は、家族の愛情を表すのに素晴らしい日です。誕生日を迎えた家族にとっては、家族の一員であることを自覚できる大切な日です。誕生日の当日だけでなく、その一週間前後を祝ってあげたいものです。

「あと三日で、誕生日だね。楽しみだね」、「あと二日で二十歳だね。ひょっとしたら、お父さんのほうがわくわくしているかもしれないね」、「二十歳になって二日たったね。どんな気持ちだい?」などと、喜びの気持ちを伝えてはどうでしょうか。

⑤家族で一緒に学ぶ

家族が一緒に学ぶことは、とても有意義なことです。歌を一緒に練習したり、お互いの趣味や関心事を分かち合ったりしてみてはどうでしょうか。

価値観を伝える

親は子供は自分のものだという感覚があります。特に日本人にはそれが強いようです。子供は親と同じような価値観を持つものだ、持ってくれるものだという思い込みがあるのです。

親は、子供は教会に通うべきだ、礼拝に参加しなければいけないと考えています。ところが、子供はあまりそう考えていない。「お父さんやお母さんは、したらいいけど、僕はやらないよ」。こんなふうに言われるかもしれません。そうしたら、どうでしょうか。

子供は成長とともに、自立心が湧いてきます。親から独立しようとする意欲が湧いてくるのです。それは自然なことなのです。特に思春期を迎えた子供は、親とは違っていたい、親を越えたいという気持ちが湧いてくるものです。

そのとき、急に親の言うとおりにならなくなった、子供の気持ちが分からなくなったということにならないようにしなければなりません。そのためには、**親は普段から、自分の気持ち、考え方を子供に語り、伝えておく**必要があるのです。

親子の間に特段、問題がないとき、子供が何かの問題を抱えていないとき、つまりリラックスしているときに、大事な話をするのです。

私は娘と時々、マクドナルドに行っていました。そのときに、**自分がどのようにして教会に導かれたのか**、信仰生活の中で、**どのような体験をして神様の愛を感じたのか、祝福結婚を受ける前後の状況**や、**祝福を受けたときの気持ち、娘が生まれたときの喜び**など、私にとって大事で、娘に伝えておきたいことを話すのです。

そうすると、娘は、「お父さん、その話、もう五回目だよ」と言うのです。「いや、これは大事なことだからね。お父さん、これからも話すから、覚悟しておいてよ」。

そんなふうに、何度も話すのです。一度、話したから、もういいというものではありません。**大事なことであれば、何度も繰り返し話してあげる**のです。何度も聞いているうちに、子供も、親はどんな気持ちで信仰生活をしているのか、何を願っているのか、親の価値観を少しずつ理解していくようになるのです。

その理解というのも、ただ**理論や理屈で納得するものではない**のです。親の気持ちを共感していくようになるのです。その**共感があってこそ、理解したと言える**のです。

そういうことがなくて、いきなり「修練会に行きなさい」「祝福を受けなさい」では、子供も受け入れることができないでしょう。

日々の生活の中で、親の価値観を伝えておかなければ、子供は共感することはできないでしょう。「原理が正しいのだから、従いなさい」と言えば、それに確信を持てていない、信頼を持てていない子供にとっては、裁きになってしまいます。

努力する姿を見せる

親は、子供に目標を持ち、やる気を持って、それに向かって努力してほしいと願います。

しかし、親が願うようには、子供はなかなかしようとはしません。親が言うことが、たとえ正しかったとしても、それが口だけのように感じていたら、子供は決して親の願うようには行動してくれないものです。

よく子供は親の背中を見て育つと言います。親の言うことを聞いて、そのとおりにすると言うよりも、親がしていることを見て、そのとおりにするということです。

親の愛を感じたとき、親を尊敬し始めたときに、子供は親の生活をまねし始めようとするものです。ですから、**子供に信仰生活を押しつけるのではなく、親が信仰生活を見せることが大切です**。

親の生活を見て、親のようにはなりたくないと思われていては、信仰を相続させることは、とても無理でしょう。子供自身にその気持ちがないのに、親がさせようとするところに溝ができるのです。まずは親自身が、自分の信仰生活を確立することが大事です。たとえ、子供が一緒にしなくても、安侍日《アンシイル》の敬礼式を守り、み言《ことば》の訓読会をするのです。神様に対する真《しん》摯《し》な姿勢、み言を学び大切にする姿勢を、子供は見ているものです。

ひたむきに生きる親の姿を通して、子供は親の愛を感じ取っていくのです。**一生懸命に歩**

む親の姿、親の努力自体が、子育てなのです。

文鮮明《ムンソンミョン》先生の次のようなみ言があります。

「父母が直接教えてくれるのではなく、学校で学ぶのでもありません。子女のために献身的に真の愛の一生を生きていく父母の姿を見て体得し、悟るのが子女の心情です」（『後天時代の生活信仰』83～84ページ）

子供の気持ちを、親は共感しているでしょうか。親の気持ちを、子供が共感しているでしょうか。共感できてこそ、理解することができるのです。いつも、そのことを確認するようにしましょう。

おわりに

子供と信頼関係を結ぶことは一朝一夕にはできません。夫婦が一つになるのは、互いに譲り合ったり、認め合ったり、さまざまな努力が必要です。そのことは誰もが知っていることです。それと同じように、親子の信頼関係も、自動的にできるわけではなく、日々の積み重ねによって築かれていくものなのです。

神様は一人ひとりを、ご自身の子女として創造されました。夫は神の子であり、妻も神の子です。そして、子供も神の子なのです。理解し合うのには、努力が必要です。

妻が先に信仰に導かれた場合、夫に理解してもらうためには、妻としての努めをしなければいけないということで、「妻業」に励むことが奨励されたりします。それと同じように、親が子供に信仰を伝えるためには、親の努力が必要なのです。「妻業」に対して、「親業」とも言われています。

アメリカのトマス・ゴードン博士は、「親になるためには訓練が必要である」として、「親業」を提唱し、その訓練方法を提案しています。本書でも紹介しましたが、親は訓練を受けなければ良い親になることはできないというのです。本書で紹介した「共感的聞き方」や「積極的聞き方」は、ゴードン博士が提唱したものです。ゴードン博士は「能動的聞き方」としていますが、本書では「積極的聞き方」としました。そのほうが子供への働きかけとして、より適切な表現であると思われるからです。

子供との信頼関係―共感関係と呼んだほうがよいでしょう―を築きましょう。本書で紹介したものは一つの方法です。すべてのことを一度に完璧にすることはできないでしょう。一つずつチャレンジしてください。

また、順番はどれからでもよいのです。これに挑戦してみようというものを決め、具体的に取り組んでください。

例えば、まずは「親切にする」の中の、「ありがとう」とお礼の言葉を言うこと。意外と親は子供にお礼の言葉を言っていないものです。人に対して「ありがとう」と言いなさいと言いながら、子供には感謝の言葉を言っていないことが多いのです。感謝されれば、子供は喜び、もっとしてあげようという気持ちになるのです。

チャレンジしてみることを決め、それを一定期間実践してみてください。その期間が終わったら、振り返ってみるのです。もし十分にできていなかったら、反省し、もう一度、チャレンジすればよいのです。できるようになったら、また一つ、チャレンジしてみてください。例えば、次は子供の言うことを黙って聞くこと、共感的聞き方にチャレンジするというように、一つ一つ、積み重ねていくのです。

子供が成人したから、もう子育ては終わったとか、今からでは遅過ぎるとか、考えないでください。決して、そのようなことはありません。いつからでも、どの段階からでも、親があきらめない限り、できるのです。

神様が願われたのは、真の家庭を築くことです。そこにこそ、神様のみ旨があることを、もう一度確認して、チャレンジを続けてください。

●夫婦、親子の関係を見つめ直すための自己アンケート

1　夫婦間の会話は一日平均どれくらいですか。

①0～10分 ②10～30分 ③30分～1時間 ④1～2時間 ⑤2時間以上

2　夫婦間の会話について当てはまるものはどれですか。（複数回答可）

①基本的に夫婦で何でも話し合っている。

②何でも話し合える関係はあるが、話す時間や環境が不足している。

③日常の会話はしているが、あまり深い話はできていない。

④どちらかが一方的に話すことが多く、会話になりにくい。

⑤話し合いをしても、意見が対立したり、感情的になったりすることが多い。

⑥子供のことは妻（夫）に任せきりで、あまり夫婦で話し合わない。

⑦ほとんど話をしない。

3　親子間の会話は一日平均どれくらいですか。

①0～10分 ②10～30分 ③30分～1時間 ④1～2時間 ⑤2時間以上

4　親子間の会話について当てはまるものはどれですか。（複数回答可）

①基本的に親子で何でも話し合っている。

②何でも話し合える関係はあるが、話す時間や環境が不足している。

③日常の会話はしているが、あまり深い話はできていない。

④親が一方的に話すことが多く、子供はあまり話さない。

⑤話し合いをしても、意見が対立したり、感情的になったりすることが多い。

⑥子供によって状況が全く違う。（話せる子供と話せない子供がいる）

⑦ほとんど話をしない。

5　上記の質問を自らにしてみて、今後、どうしたいと思いますか。

この本の中から実践してみたらよいと思われることを挙げてみました。
夫婦で、家族で、また幅広い対人関係でも実践してみましょう。

■実践目標の例

（次ページの「実践すること」の記入例です）

- 親としての気持ちを子供に話す
- 「一時停止ボタン」を押せるようになる
- 「思いの電車」から降りられるようになる
- 子供に命令口調で話さないようにする
- 子供の話を黙って聞く
- うなずきながら子供の話を聞く
- 自分の意見を言わずに、子供の話を聞く
- 子供が言ったことを繰り返しながら聞く
- 子供の言ったことを、別の言葉で言い換えて話す

- 「話してごらん」と声をかける
- 「あなたの話が聞きたい」と声をかける
- 「あなたメッセージ」を言わないようにする
- 「私メッセージ」で話すようにする
- 感情的になってしまったときは、子供に謝る
- 「行動」、「影響」、「感情」の三つを伝える
- 子供に感謝の言葉を伝える
- 電話で気持ちを伝える
- メールで気持ちを伝える

- 子供と一緒に皿洗いをする
- 子供と一緒に掃除をする
- 子供と一緒に買い物に行く
- 子供と約束をし、それを守る
- あなただけの時間を持つ
- 誕生日会（記念日を祝う会）を開く
- 家族で一緒に食事をする
- 家族で話し合いの場を持つ
- 家族で家庭の目標を話し合う
- ハイキングや映画など、家族で楽しむイベントをする

家庭での実践目標と振り返りシート

	実践すること	第1週	第2週	第3週	第4週
	①				
	②				
月	③				
	④				
	⑤				
	今月の気付き				

	実践すること	第1週	第2週	第3週	第4週
	①				
	②				
月	③				
	④				
	⑤				
	今月の気付き				

	実践すること	第1週	第2週	第3週	第4週
	①				
	②				
月	③				
	④				
	⑤				
	今月の気付き				

＜使い方＞実践することを記入。１週間ごとに自己採点する。１カ月を振り返って感想、気付きなどを記入する。

家庭での実践目標と振り返りシート

	実践すること	第1週	第2週	第3週	第4週
	①				
	②				
月	③				
	④				
	⑤				
	今月の気付き				

	実践すること	第1週	第2週	第3週	第4週
	①				
	②				
月	③				
	④				
	⑤				
	今月の気付き				

	実践すること	第1週	第2週	第3週	第4週
	①				
	②				
月	③				
	④				
	⑤				
	今月の気付き				

＜使い方＞実践することを記入。１週間ごとに自己採点する。１カ月を振り返って感想、気付きなどを記入する。

■参考図書

『後天時代の生活信仰』（世界基督教統一神霊協会編、光言社）
『原理講論』（世界基督教統一神霊協会編、光言社）
『親業　新しい親子関係の創造』（トマス・ゴードン著、サイマル出版会）
『天和堂』（文亨進著、光言社）
『ファミリー　七つの習慣・家族実践編』（スティーブン・コヴィー著、キングベアー出版）
『10代の子どもの心のコーチング』（菅原裕子著、ＰＨＰ研究所）

著者のプロフィール

多田聰夫（ただ としお）

1952年、岐阜県生まれ。1974年、大学在学中に、一年間、自転車で世界33カ国を巡り、見聞を広める。1975年、世界基督教統一神霊協会に出合い、信仰を持つ。1977年、山口大学工学部卒業。

大学卒業後、World CARP JAPANで10年間活動。台湾の大学生教育。「JCVA」を立ち上げ、多くの学生と共にカンボジアで地域開発、エイズ問題、プノンペン大学との交流などで国際貢献する。

千葉中央修練所で４年間スタッフ。守山研修センターで３年間所長。済州国際研修院での16万日本女性修練会のスタッフ。

岐阜教区長。World CARP JAPANで10年間スタッフ。

「家庭教育フォーラム」の講師として全国で講演を行っている。

通いはじめる親子の心　子供の気持ちに「共感」する

2014年６月20日　　初版発行

著　者　多田聰夫
発　行　株式会社　光言社
〒150-0042 東京都渋谷区宇田川町37-18
電話　03（3467）3105
http://www.kogensha.jp
印　刷　株式会社 ユニバーサル企画

ISBN978-4-87656-180-3